Erica Bänziger

DAS GOLDENE BUCH DER ZITRONE

FONA

WIDMUNG

Dieses zitronengelbe Buch mit seiner ganzen Strahlkraft widme ich den Bewohnern von Sizilien. Diese Insel hat es mir schon immer angetan. Aber trotz Sehnsucht und großer Liebe habe ich es bis heute nicht geschafft, diesen sonnigen Fleck Erde zu besuchen. Aber das will ich so schnell wie möglich nachholen.

Tanti saluti cari amici siciliani e grazie per i vostri limoni!

Di tutto cuore
Erica Bänziger

www.fona.ch

Lektorat: Léonie Haefeli-Schmid
Cover: Dora Eichenberger-Hirter, Birrwil
Konzept Inhalt: FonaGrafik, Daniela Friedli
Foodbilder: Andreas Thumm, Freiburg i. Br.
Übrige Bilder: Robert Schmid, Obererlinsbach, www.3wimage.com (Seiten 4, 11, 13, 15, 16, 17, 21, 22, 58, 74, 100, 125); Beat Ernst, Basel (Seite 42)
Lithos: Repro Schicker AG, Baar
Printed in Germany

ISBN 978-3-03780-284-7

INHALT

8 Dank

9 Vorwort

10 Einführung

Rezepte

22 Antipasti – Suppe – Salate

42 Mahlzeiten mit Pasta & Co.

58 Fisch – Fleisch

74 Desserts – Gebäck

100 Getränke – Basics

Anhang

122 Register

124 Literatur und Adressen

Wo nicht anders erwähnt, sind die Rezepte für 4 Personen berechnet.

DANK

Für die Realisation eines Buches wie dem Zitronenbuch braucht es nebst Leidenschaft und Zeit auch die Unterstützung von Freunden, Bekannten und Fachleuten. Ich möchte allen, die mich in dieser Arbeit unterstützt haben, herzlich danken:

- dem Food-Fotografen Andreas Thumm, welcher die Strahlkraft der Zitrone ins richtige Licht gesetzt hat
- den Verlegern Léonie und Fredi Haefeli für den Mut, der Zitrone ein ganzes Buch zu widmen
- John Marinello für die fachliche Beratung
- meinen beiden Jungs, Philipp und Oliver, die ihre Mutter einmal mehr mit einem Lebensmittel, diesmal mit der sauren Zitrone, teilen mussten und tapfer als Testesser mitwirkten
- und last but not least den vielen tausend Zitrusfruchtpflückern weltweit, die jahraus und jahrein «im Dienste» der Zitrone stehen

Grazie mille a tutti

VORWORT

Zitronen – gelb leuchtend wie die Sonne und warm wie der Süden: Der betörende Duft der Blüten und die Frucht haben mich schon immer magisch angezogen. Dem Zitronenbaum, der in meiner Tessiner Wahlheimat auf der Terrasse das ganze Jahr im Freien steht, gehört meine besondere Leidenschaft. Im Buch von Desiree Wüschner «Warum Chilis scharf machen» las ich, das Gelb der Zitrone sei die Farbe des Sendens und der Kommunikation. Stimmt: Gelb ist doch die Farbe der Post!

Weiter schreibt sie, dass die Zitrone beredsam und wortgewandt macht. Ob das wohl die Erklärung ist für die Offenheit der Italiener und ihre Freude am Diskutieren? Sicher ist, dass die Zitrone zu den unverzichtbaren Zutaten in der Küche aller Südländer zählt. Außerdem fand ich in Desiree Wüschners Sinndeutung auch eine Erklärung für meine heimliche Liebe zur sauren Zitrone. Als Referentin muss ich nämlich nicht nur über Sachkenntnis verfügen, sondern gern reden und wortgewandt sein. Kein Problem dank den Zitronen!

Die Zitrone soll auch in der Gefühlswelt unverzichtbar sein und Schutz und Geborgenheit geben. Der Duft der Blüten und der abgeriebenen Schale ist «Aromatherapie» pur: er baut Stress ab und stärkt die Nerven. Kochen und der Umgang mit Lebensmitteln haben also auch eine therapeutische Wirkung. Wenn wir zudem etwas über die Bedeutung der bisher identifizierten und erforschten Inhaltsstoffe wie Vitamin C, Bioflavonoide und Limonen wissen, müssen wir wahrhaftig zu Zitronenfans werden, wenn wir es nicht schon sind.

Aus meiner heimlichen Leidenschaft entstand dann auch diese persönliche Liebeserklärung an die Zitrone. In diesem Buch sind auch einige der besten Zitronen-Rezepte aus aller Welt enthalten, die ich zusammengetragen und ausprobiert habe.

Also aufgepasst mit den frischen Gelben: Die kraftvolle Wirkung ist Ihnen schon jetzt gewiss. Suchen Sie sich deshalb ein gutes Betätigungsfeld für ihre Zitronen-Power! Viel Spass beim Ausprobieren und Genießen.

Mit zitronengelben Sommergrüßen

Erica Bänziger

DER SIEGESZUG UM DIE WELT

Die Zitrusfrüchte gehören zu den Kulturpflanzen der Alten Welt. Ihre ursprüngliche Heimat liegt jedoch im asiatischen Raum. Je nach Literaturquelle gibt es leicht abweichende Angaben: Im «Lexikon der Früchte und Gemüse» werden Westasien, Südchina beziehungsweise Vorderindien aufgeführt. Gemäß anderen Quellen soll das Gebiet von Nordindien bis Pakistan die Urheimat der Zitrone sein. Am ehesten zutreffen dürfte, dass die ersten Zitronen in China kultiviert worden sind, wie so viele andere Pflanzen, die wir bei uns kennen. Jedenfalls war es in gewissen Regionen von China üblich, den Toten nicht nur Feigen und Datteln, sondern auch Zitronen auf die letzte Reise mitzugeben. Im Iran vermuten die einen noch Wildformen, andere schreiben, dass die Ur-Zitrone ausgestorben sei.

Nach Europa respektive in den Mittelmeerraum wurden die Zitronen von den Arabern gebracht; da herrscht Einigkeit. Allerdings sollen westeuropäische Kriegsleute bereits in der Zeit von 334–324 v. Chr. während eines Feldzuges von Alexander dem Großen auf die Zitrone aufmerksam geworden sein, wie Bretzel in seinen 1903 erschienenen «Botanischen Forschungen» schreibt. Über den Nahen Osten fanden die Zitrusgewächse den Weg ins Römische Reich, wo sie anfangs als Luxusfrüchte gehandelt wurden. Da die Römer überall dort, wo sie sich auf ihren Eroberungszügen niedergelassen hatten, auch Pflanzen aus ihrer Heimat anbauten, gelangte die Zitrone nach Norditalien, Frankreich, Spanien und bis nach Nordafrika.

In Aufzeichnungen erfährt man, dass um 1480 am Hof des provenzalischen Königs René die ersten Zitronen aufgetaucht sind. Ein französischer Autor erwähnt, dass es im Jahr 1630 rund um Toulon eine beachtliche Zahl von Zitronenbäumen gab. Kolumbus nahm auf seine Entdeckungsreisen unter anderem auch Zitruspflanzen mit und so gelangten die sauren Früchtchen in die Neue Welt. In Europa erreichte der Zitrusbaum im 18. Jh. fast Kultstatus, was dazu führte, dass an den europäischen Fürstenhöfen die heute noch bekannten Orangerien gebaut wurden.

Die berühmteste und nachhaltigste aller Geschichten rund um die Zitronen ist, dass die britischen Seeleute auf ihren Schiffsreisen Zitronen assen. Schon damals war bekannt, dass Skorbut durch einen Mangel an Vitamin C ausgelöst wird.

Medischer Apfel

Die Entdecker der Zitrone glaubten, dass es sich um eine Variante des Apfels handelt. Deshalb wurde die Frucht auch «Persischer» oder «Medischer» Apfel genannt. Letzteres deutet auf den Fundort hin: das altorientalische Königreich Medien.

Weltweite Verbreitung der Zitrone

Die Zitrone liebt ein warmes, ausgeglichenes Klima, wie man es in den Subtropen findet. In diesen Regionen liegen denn auch die Hauptanbaugebiete. Im Lauf der Zeit wurden die Zitronen aber überall dort kultiviert, wo die Bedingungen ideal sind. Heute sind sie rund um den Erdball heimisch.

Mexiko, Indien, Iran und Spanien gehören zu den weltweit größten Produktionsländern. Als Exportländer gelten auch die USA (Hauptanbaugebiete sind Kalifornien, Arizona und Florida) sowie Israel. Zitronen werden beispielsweise auch in Argentinien, China, Südafrika, Australien, Ägypten, Griechenland, im Iran und in der Türkei kultiviert.

Italien war einst Haupterzeuger von Zitronen und Zitrusfrüchten, ist inzwischen aber von Spanien abgelöst worden.

Die besten Zitronen kommen laut Kennern aber noch immer aus Sizilien. Für hiesige Märkte von Bedeutung sind die italienischen Zitronen (vor allem jene aus Sizilien und Kalabrien) sowie die spanischen, die hauptsächlich in den Regionen Murcia und Alicante angebaut werden. Je nach Jahreszeit und Nachfrage werden auch Früchte aus Südamerika und Südafrika angeboten.

BOTANIK

Citrus limon

Zitronenbäume sind immergrün, schwach bis stark bedornt und von unterschiedlicher Wuchshöhe; sie können bis sieben Meter hoch werden. Sie gehören zur Familie der Rautengewächse und gedeihen im subtropischen Klima.

Zitronenbäume sind ein Wunder der Natur: In allen 4 Jahreszeiten blühen und tragen sie gleichzeitig Früchte. In Italien und Spanien, den wichtigsten europäischen Produktionsländern, ist die Hauptblütezeit im Frühling und die Haupterntezeit von Mitte bis Ende Oktober.

Die Früchte sind oval bis eiförmig und wiegen zwischen 50–125 Gramm. Je nach Sorte ist die Schale rau bis fast glatt. Die Farbe variiert je nach Erntezeitpunkt von grün bis gelb. Es gibt aber auch fast weiße Zitronen.

Das Fruchtfleisch enthält vor allem organische Fruchtsäuren, hauptsächlich Zitronensäure und das wertvolle Vitamin C. Die Schale ist reich an ätherischen Ölen, welche in der Kosmetikindustrie und Aromatherapie gefragt sind. Zitronenöl wird aber auch in großen Mengen synthetisch und bedeutend günstiger hergestellt als das echte Öl. Man stelle sich einmal vor, wie viel Zitronenaroma allein für die vielen Reinigungsmittel gewonnen werden müsste – die Weltproduktion würde nicht ausreichen.

Zitronen werden nicht nach Sorten gehandelt

Gemäß einem Fachlexikon gibt es mindestens 120 verschiedene Zitronensorten. Früchtegroßhändler kaufen die Zitronen zwar nach Sorten ein, im Detailhandel wird aber keine Sorte deklariert. Man unterscheidet lediglich zwischen konventionell angebauten und Bio-Zitronen.

Die Zitronen sind je nach Herkunft und Jahreszeit von unterschiedlichem Geschmack und Aussehen. Kenner sagen, dass die besten Zitronen aus Sizilien kommen; leider ist die exportierte Menge nicht sehr groß. Die Zitrusgewächse finden auf dem vulkanischen Urgestein auf Sizilien einen idealen, nährstoffreichen Boden. Aus den aromatischen Früchten stellen die Sizilianer auch ihren berühmten Zitronenlikör her, den Limoncello. Für die Franzosen sind die Zitronen aus Menton die besten. Aufgrund der Nachfrage im eigenen Land und weil sie bei den französischen Gourmets und Küchenchefs sehr begehrt sind, werden sie kaum exportiert.

Gelb oder grün – reif sind beide

Die Zitronen bekommen ihre sonniggelbe Farbe erst, wenn die Temperaturen sinken. Deshalb sind nur die Winterzitronen leuchtend gelb. Im Gegensatz dazu gibt es die Sommerzitronen: die Verdelli, was so viel wie «Grünlinge» heißt. Sie sind auch im Reifestadium grün. Kenner schätzen sie wegen der erfrischenden Säure.

Nicht die Farbe, sondern der Glanz der Schale zeigt die Reife an. Weil die meisten Konsumenten glauben, eine reife Zitrone müsse gelb sein, werden im Sommer gelbschalige, hauptsächlich aus Südamerika und Südafrika stammende Zitronen importiert.

Früher wurden grüne Zitronen in klimatisierten Kammern unter Einsatz von Äthylengas zur Gelbfärbung gebracht, (ist bei den Bananen immer noch üblich). Da es während des ganzen Jahres Klimazonen gibt, wo gelbe Zitronen reifen, entfällt die (unschädliche) Behandlung.

Die grünen Sommerzitronen aus Europa gibt es nur im Bio-Handel. Die Cooperativa Salamita auf Sizilien gehört zu den wenigen Produzenten, die den Markt mit grünen Zitronen (Verdelli) beliefern, welche im Bio-Fachhandel und bei entsprechendem Angebot auch in Supermärkten erhältlich sind.

Unterteilung nach Blüte und Erntezeitpunkt

Primofiori: Erste Blüte Februar/März; Ernte Ende September bis November. Nicht sehr saftige, eher dickschalige Frucht. Wird erst ab Ende November gelb.

Invernale: Diese Zitronen blühen etwas später. Werden in der Regel ab Ende Dezember bis März geerntet und kommen gelb in den Handel.

Bianchetto: Fast weiße Zitrone; sie blüht von Mai bis Juni und wird im Folgejahr ab Ende April bis Mai geerntet. Sie gelangen selten in den Handel, sondern werden zu Saft verarbeitet.

Verdelli: Blüht im Juli; die Früchte werden im Folgejahr ab Juli bis September geerntet. Wie der Name sagt, bleibt die Schale grün. Sie haben wenig Saft. Kenner schätzen jedoch das intensive Aroma der Schale. Verdelli werden fast ausschließlich im Bio-Handel angeboten.

Quelle: www.salamita.it

SORTEN

Wichtigste italienische Sorte

Feminello: Mittelgroß, rund-oval, Schale mittlere Dicke.

Wichtigste spanische Sorte

Verna: Rund-oval, Schale mittlere Dicke, wenig Kerne.

Süßzitrone (Citrus medica)

Sie war zur Zeit der Griechen und Römer die einzige bekannte Sorte. Heute wird sie zur Herstellung von Zitronat angebaut. Sie hat eine dicke, schwammige Schale und ganz wenig Saft; die Früchte haben ein Gewicht von bis zu einem Kilogramm. In Italien findet man sie manchmal auf den Märkten. Sie werden vor allem in Kalabrien, auf Korsika und in Jamaica angebaut.

Dünnschalige Zitronen enthalten nomalerweise mehr Saft als dickschalige Früchte. Wenn man die Zitronen vor dem Pressen kurz in warmes Wasser legt oder sie auf der Arbeitsfläche hin-/herrollt, ist die Saftmenge größer.

Zitronen sind reif, wenn die Schale glänzt

Zitronen sind bei uns ganzjährig erhältlich. Sie werden in den Erzeugerländern in der Regel vor der Vollreife geerntet. Der gleichmäßige Glanz, nicht die Farbe, zeigt, ob eine Zitrone reif ist, egal ob grün oder gelb.

Für den Export bestimmte Zitronen werden gewaschen. Weil ein Teil der natürlichen Wachsschicht verloren geht, werden die meisten Früchte in einem Wachsbad behandelt. Das soll die Zitronen vor dem Austrocknen schützen und ihre Haltbarkeit erhöhen.

Gewachste Früchte glänzen stärker als «unbehandelte». Wenn man sie mit warmem Wasser gründlich wäscht, wird die Schutzschicht entfernt und die Schalen können ohne Bedenken verwendet werden, sofern sie aus biologischem Anbau stammen.

Närhwerte je 100 g essbare Frucht	
Kalorien	36
Wasser	90,2 g
Kohlenhydrate	3,2 g
Eiweiß	0,7 g
Fett	0,6 g
Balaststoffe	2,8 g

Vitamine, Mineralstoffe und Spurenelemente	
Vitamin C	50,0 mg
diverse B-Vitamine	
Kalzium	11,0 mg
Magnesium	30,0 mg
Kalium	170,0 mg
Spuren von Mangan, Eisen,	
Kupfer, Zink, Fluorid, Jod, Selen	

Säuren	
Apfelsäure	200 mg
Zitronensäure	4680 mg
Salizylsäure	180 mg

Orientalische Frauen sollen früher eine Mischung aus Zitronensaft und Zucker zum Entfernen von unerwünschten Haaren verwendet haben.

Bevor es **chemische Mittel** gab, wurde Zitronensaft als Bleichmittel für Zähne, Haare und Stoffe verwendet.

Der **Spitzname «Limey»**, wie britische Matrosen genannt wurden, geht auf die Zeit der Entdeckungsreisen von Käptn James Cook zurück, der stets einen Zitronen-Vorrat mitführte, weil Zitronen dank ihres Vitamin-C-Gehalts vor Skorbut schützten. 1776 wurde Cook dafür von der englischen Krone sogar geehrt.

Casanova, der berühmte Frauenheld, soll eine ausgehöhlte halbe Zitrone als Pessar zur Verhütung empfohlen oder verwendet haben (die Autorin übernimmt keine Haftung für diese Art der Verhütung).

ANBAUMETHODEN/LAGERUNG

Bio-Zitronen kontra konventionelle Zitronen

Zitrusfrüchte werden in der Regel in großen Monokulturen angebaut, was meist mit einem intensiven Einsatz von Kunstdünger und chemischen Pflanzenschutzmitteln verbunden ist. Um die Früchte unbeschadet in die Verbraucherländer zu bringen, braucht es in der Regel weitere, zum Teil ebenfalls chemische Hilfsmittel. Im Wachsbad sind beispielsweise Carnaubawachs, Polyäthylenwachsoxidate, Phenole und Benazole enthalten. Es können bestimmte Konservierungsmittel zugesetzt werden. Früchte, die mit Orthophenylphenol oder Thiabendazol behandelt worden sind, müssen entsprechend deklariert werden. Die Schale solcher Früchte sollte man nicht verwenden. Nach Auskunft von Fachleuten wird bei den aus den Mittelmeerländern stammenden Zitronen heute meist auf eine Behandlung mit diesen Mitteln verzichtet.

Der Vermerk «unbehandelt» bezieht sich bei Zitrusfrüchten ausschließlich auf den Zeitraum nach der Ernte. Nur wenn die Früchte aus biologisch-organischem (Knospe) oder biologisch-dynamischem (Demeter) Anbau stammen, hat man die Garantie, dass sie auch während der Vegetationsphase nicht mit Chemikalien oder Pestiziden behandelt worden sind. Die Bio-Zitronen sind auch nicht mit Wachs behandelt. Der Nachteil ist, dass sie bei zu feuchter Lagerung rasch grau werden. Deshalb Zitrusfrüchte nicht in großen Mengen auf Vorrat kaufen.

Bei der Produktion von Bio-Zitronen wird die Pflanzen- und Fruchtgesundheit in erster Linie durch die Art und Weise der Düngung und der Baumbehandlung gestärkt. Bei der Firma Salamita auf Sizilien, die als größte Produzentin von Bio-Zitrusfrüchten gilt, wird vor allem mit kompostiertem Mist von Rindern, Schafen und Ziegen gedüngt. Zur Schädlingsbekämpfung werden, wenn nötig, Brennnessel- und andere Pflanzenjauchen eingesetzt. Außerdem werden die Pflanzen im biologisch-dynamischen Anbau mit Kiesel- und Hornmistpräparaten gestärkt. Um das Unkraut unter Kontrolle zu halten, wird zwischen den Bäumen mit verschiedenen Gründüngungs-Untersaaten begrünt.

Zitronen richtig lagern

Zitronen sind lange haltbar, wenn sie luftig, kühl und trocken und bei einer Temperatur von 11 bis 14 °C gelagert werden. Gesunde, unverletzte Früchte halten sich in einem kühlen Keller bis zu drei Wochen, wobei die Schale je nach Luftfeuchtigkeit mehr oder weniger austrocknen kann. Nicht unbedingt geeignet ist der Kühlschrank, denn hier ist die Luftfeuchtigkeit zu niedrig.

HEILWIRKUNG

Zitrone – das Gesundheits-Multitalent

Schon seit längerem wird den Antioxidantien eine krebshemmende Wirkung zugeschrieben. Im Fruchtfleisch sind die zur großen Gruppe der sekundären Pflanzenstoffe gehörenden Bioflavonoide sehr gut vertreten. Diese Flavonoide können unter anderem die Kapillaren abdichten und die Zellen vor giftigen «freien Radikalen» schützen, die sowohl für die Krebsentstehung wie für Herzinfarkte verantwortlich gemacht werden. Neue Forschungen haben in den Zitronen einen weiteren «Krebsjäger» entdeckt: das Limonen, das Hauptbestandteil des Zitronenöls ist. Limonen soll die Entgiftungsenzyme aktivieren und ebenfalls krebshemmend wirken. Das Vitamin C verhindert die Umwandlung von Nitraten in Nitrosamine, das bei der Entstehung von Krebs eine Rolle spielt.

Die natürliche Zitronensäure ist appetit- und verdauungsfördernd. Der Zitronensaft soll auch gegen Blähungen und Bauchkrämpfe helfen. Der Saft reifer Früchte stärkt das Herz, senkt den Bluthochdruck, unterstützt das Immunsystem bei Erkältungs- und Durchfallerkrankungen und die Leber bei der «Entgiftung».

Zitronensaft wirkt aber auch bakterientötend, fiebersenkend, immunstärkend und stressabbauend. Er regt die Produktion der Magensäure an und soll sogar gegen einen «Kater» gut sein. Bei Schnittwunden und Hautkratzern unterstützt der auf die Wunden aufgetragene Saft die Heilung. Frischer Zitronensaft hat bei gesunden Menschen zudem eine stark basenbildende Wirkung. Wer einen empfindlichen Magen hat, sollte morgens auf keinen Fall nüchtern Zitronen- oder Orangensaft trinken.

Mit Zitronensaft verfeinerte Speisen werden nicht nur delikater, sondern bewirken auch, dass der Körper die mit der Nahrung aufgenommenen Spurenelemente wie Eisen und Kalzium besser aufschließen und nutzen kann.

Der Zitronensaft hat je nach Menge eine beruhigende oder vitalisierende Wirkung. Da die Fruchtsäure den ganzen Stoffwechsel stimuliert, wirkt der Saft energetisierend und fördert das Lebensgefühl auf natürliche Art. Deshalb soll er bei allen Arten von Befindlichkeitsstörungen bis hin zu Depressionen eine positive Wirkung haben. Die Stärkung der Lebenskraft manifestiert sich auch in der Verlangsamung des zellulären Alterungsprozesses.

Monika Helmke Hausen schreibt: «Die Zitrone verfügt über höchste Heilkraft. Sie durchpulst, energetisiert und kann vielseitig eingesetzt werden. Der Zitronensaft sollte ständiger Bestandteil der Ernährung sein, denn er wirkt ausgleichend, weil er die Nahrungsmittel ihrer Schwere enthebt. Zitronensaft lässt Toxine und Stauendes abfließen. Mit dem Zusatz einiger Tropfen Zitronensaft kannst du jede Speise kurz vor dem Servieren mit einem zusätzlichen Schub Licht anreichern.»

In der ayurvedischen Medizin wird die Zitrone seit jeher als wertvolles Heilmittel geschätzt, unter anderem zur Behandlung von infektiösen Krankheiten oder als natürliches Herztonikum. Zitronensaft wirkt keimtötend und desinfizierend.

Die europäische Volksheilkunde empfiehlt den frischen Zitronensaft gegen Gicht, bei Mangel an Vitamin C, bei Arthritis, Rheuma, bei Nieren- und Lebererkrankungen, gegen Bluthochdruck, bei Venenschwäche sowie bei Erkältungen und Infektionen.

Der saure Saft wirkt blutbildend, blutstillend, entwässernd, entzündungshemmend und herzstärkend. Trotz der vielen positiven Aspekte warnt der saure Geschmack der Zitrone vor dem übermäßigen Genuss. Ein Zuviel kann beispielsweise Magenbrennen verursachen. Die homöopathische Dosierung mit ein paar Spritzern Saft oder einigen Stückchen der ganzen Zitrone genügt vollkommen und macht die Speise sehr bekömmlich. In Kombination mit Olivenöl, wie dies in der mediterranen Ernährung Usus ist, wirkt der Saft besonders gut. Das Schöne daran ist, dass das Ganze auch noch wunderbar schmeckt.

In den Zitronenschalen finden wir Verbindungen wie Limonin und Limonen, von denen angenommen wird, dass sie krebsverursachende Zellveränderungen verhindern können. Der Wirkstoff Limonen erhöht die Enzymwerte in der Leber, was zur Eliminierung krebserregender Stoffe führt. So gesehen sind abgeriebene Zitronenschalen mehr als Aromaträger.

Aus esoterischer Sicht ist die Zitrone besonders hilfreich, wenn wir uns innerlich unrein und beschmutzt fühlen. Die Energie der Zitronenschale hilft uns beim Klären und Ordnen der Gedanken und unterstützt uns beim Strukturieren und Erklären von Wissen. Für Dozenten kann die Energie der Zitrone beim Vermittleln von Lernstoff also ganz besonders hilfreich sein.

Zitronen gegen Übersäuerung

Obwohl die Zitrone aufgrund des relativ hohen Anteils an wertvollem Vitamin C zu den sauersten Früchten gehört, wirkt die Fruchtsäure im Körper nicht säurebildend. Im Gegenteil: In der Ernährung ist die ganze Frucht einer der besten Basenbildnern.

Zitronen senken das Krebsrisiko

Verschiedene Untersuchungen kommen zum Ergebnis, dass Menschen, die regelmäßig Zitrusfrüchte essen, seltener an Krebs (vor allem Magenkrebs) erkranken. Die Wirkung dürfte unter anderem auf den Gehalt von Vitamin C zurückzuführen sein, der die Bildung von karzionogenen Nitrosaminen verhindert. Ausserdem enthalten Zitrusfrüchte weitere Schutzstoffe wie Pektine, Flavonoide sowie Antioxidantien, die vor allem im Zitrusöl enthalten sind. Das aus den Schalen gewonnene Öl zeigte in Tierversuchen eine deutliche Antitumorwirkung.

Gesundheitswert der Zitrone

- reich an Kalium und Folsäure
- stärkt die Abwehrkraft
- beugt Erkältungen vor
- senkt erhöhte Blutfettwerte
- fördert die Durchblutung der Kapillaren
- bei Bluthochdruck und Thrombosen
- bei Venenschwäche und Venenentzündungen
- trotz Säure basisch
- bei Sodbrennen (basische Wirkung)
- bei Halsschmerzen und Entzündungen (Aphten)
- bei Gicht, Arthritis und Rheuma (massvoll anwenden)
- bei Nieren- und Gallensteinen
- bei Vergiftungen
- stärkt das Zahnfleisch
- desinfiziert Schnittwunden und stillt Blutungen (Achtung: brennt ziemlich)
- blutbildend
- Herztonikum
- Antiaging-Mittel
- bei infektiöser Hepatitis (Ayurveda)
- Krebsprävention
- keimtötend, ideales Mittel bei Reisen in ferne Länder (Saft einer frisch gepressten Zitrone mit ½ Liter Wasser mischen)
- fördert Fettverbrennung (nur bedingt wirksam gegen Übergewicht)
- fördert Eiweiß-Verdauung

Wer den Organismus bei der Entgiftungsarbeit unterstützen will, der nehme einen Morgentrunk aus wenig frisch gepresstem Zitronensaft, 1 Msp Honig und Wasser.

Hinweis: Selbstverständlich sind die vorgängig erwähnten Wirkungen nur bei einer gesunden Ernährungs- und Lebensweise zu erwarten. Es macht wenig Sinn, einen fetten Schweinebraten mit Zitronensaft als Antiaging-Mittel zu essen.

KOSMETIK

In alten Schriften taucht die Zitrone immer wieder als Schönheitsmittel auf. «Die Citronen sind den schwangeren Weibern gut, so mit unnatürlicher und falscher Gelüster behafftet, sie vertreiben die Melancholei, dienen wider das Abnehmen des Leibes, stärken das Herz, widerstehen dem Gifft, daher sie in Sterbens-Läufen genossen werden.»

Zitronensaft-Bad: Ein Pfund Zitronen (ungespritzt) in Scheiben schneiden, mit kochendem Wasser übergießen, einige Stunden stehen lassen, abgießen und den Sud dem Badewasser beifügen.

Zitronenessig: Die Schale von 2 Zitronen (Verdelli) abreiben und in guten Apfel- oder Weißweinessig legen. Ein paar Wochen mazerieren. Ergibt nicht nur einen aromatischen Essig für die Küche. Er kann auch als Mittel verwendet werden, um müde Füße zu tonisieren oder zum Einreiben der Haare nach dem Waschen (besonders zu empfehlen bei blondem Haar).

Gegen fettiges Haar: Fettige Haare vor dem Waschen mit dem Saft von zwei Zitronen einreiben und 30 Minuten einwirken lassen. Dann wie gewohnt waschen.

Gegen gelbe Zähne: Zähne mit der weißen Schale der Zitrone abreiben. Bei Mundgeruch den Mund dreimal täglich mit etwas frischem Zitronensaft spülen.

Gegen Falten und Hautflecken: Betroffene Stellen mit Zitronen abreiben oder belegen. Kann auch bei Hühneraugen angewendet werden.

Gegen raue Ellbogen: Die Ellbogen mit ausgepressten Zitronenhälften einreiben.

Zitronen gegen Ungeziefer

Der Gelehrte Theophrastus, ein Schüler Aristoteles, beschäftigte sich lange mit dem «Apfel», der eigentlich eine Beere ist, und veröffentlichte sein Wissen 310 v. Chr.: «Der Apfel ist nicht essbar, aber sehr wohlriechend, so auch das Blatt dieses Baumes. Wenn der Apfel zwischen die Kleider gelegt wird, werden diese nicht von den Motten befallen. Auch gibt er frischen Atem.»

KÜCHE

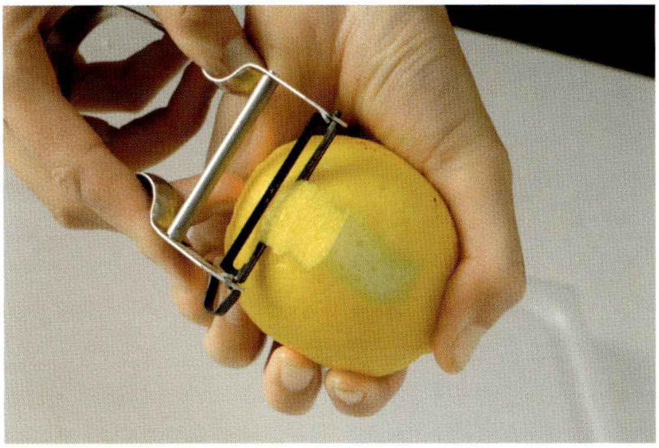

Zitronen und Zitronensaft werden zum Aromatisieren von Fisch, Fleisch und Gemüse aller Art verwendet. Unverzichtbar ist die Zitrone auch für die Zubereitung von schmackhaften Salatsaucen.

Frischer Zitronensaft wertet jede Speise auf, indem er ihr einen spritzigen, muntermachenden Effekt gibt. Zitronensaft macht schwere Speisen leichter. Quark wird durch die Zugabe einiger Tropfen Zitronensaft viel bekömmlicher. In der Salatsauce schließt der Zitronensaft die Dichte des Olivenöls auf und fördert die Bekömmlichkeit. Gleichzeitig verhindert er die Bildung von Nitrosaminen aus den im Salat enthaltenen Nitraten, welche Krebs auslösen können.

Mit Zitronensaft beträufelte Früchte bekommen ein intensiveres Aroma. Bei vielen Früchten kann gleichzeitig die Oxidation (Braunfärbung) verhindert werden.

Frisch gepresster Zitronensaft ist eine wichtige Zutat für Tees und Drinks sowie erfrischende Sorbets für heiße Sommertage.

Saft und Schalen sind in zahlreichen Süßspeisen und Backwaren sowie bei der Herstellung von Sirup, Likör und Konfitüren unverzichtbar.

ANTIPASTI – SUPPE – SALATE

24 Tabouleh

26 Karotten-Zitronencreme Suppe

28 Crostini mit Thunfisch

30 Schwertfisch-Carpaccio - Junger Spinatsalat

31 Lachstatar

32 Gemüse-Antipasti

34 Peperoni mit Sardellen mariniert

36 Bohnensalat mit Aioli und gebratenen Zitronen-Calamari

38 Barchette vitello tonnato «Nicola»

39 Rinderfilet-Carpaccio mit Rucola

40 Lauwarmer Polpo mit Kartoffeln

TABOULEH

1 Cousous in einer Schüssel mit Zitronensaft und heißem Wasser übergießen, 10 Minuten quellen lassen.

2 Die halbe Zitrone beidseitig kappen und schälen, auch die weiße Haut entfernen, je nach Größe längs halbieren oder vierteln und quer in Scheiben schneiden, entkernen. Stielansatz der Tomaten kreisförmig herausschneiden, Tomaten vierteln oder achteln. Peperoni halbieren, Stielansatz und Kerne entfernen, Schotenhälften in 1 cm große Quadrate schneiden. Gurke schälen, längs vierteln, eventuell entkernen, quer in Scheiben schneiden. Petersilie oder Minze von den Stielen zupfen und hacken.

3 Alle Zutaten mit dem Couscous mischen, mit Salz abschmecken.

100 g Couscous

2 Zitronen, Saft (ca. 1 dl/100 ml)

1 dl/100 ml heißes Wasser

½ Zitrone

8 EL Olivenöl extra nativ

2 Tomaten

1 kleiner roter oder gelber Peperoni/ Paprikaschote

½ Freilandgurke

8–12 schwarze Oliven

1 Bund glattblättrige Petersilie, nach Belieben mit Marokkanischer oder Arabischer Minze gemischt

1 kleine rote Zwiebel

Salz

KAROTTEN-ZITRONEN-CREMESUPPE

1 Zwiebel schälen, hacken. Karotten und Kartoffel schälen und in Würfel schneiden.

2 Zwiebeln und Karotten im Olivenöl andünsten, Kartoffeln, Zitronengrasstängel und Zitronenblatt zugeben, mit der Gemüsebrühe ablöschen, aufkochen, Suppe bei schwacher Hitze 15 Minuten bis 20 Minuten köcheln. Zitronengrasstängel und Zitronenblatt entfernen. Die Suppe pürieren. Die Hälfte der Crème double zur Suppe geben, unter Rühren erhitzen, abschmecken mit Zitronensaft, Zitronenschalen, Pfeffer und Salz.

3 Die Karottten-Zitronen-Cremesuppe in vorgewärmten Suppentassen oder Tellern anrichten, mit der restlichen Crème double garnieren, mit Limonenöl beträufeln.

2 EL Olivenöl extra nativ

1 kleine Zwiebel

300 g Karotten

1 kleine mehlig kochende Kartoffel

1 Zitronengrasstängel, gebrochen

1 Zitronenblatt

1 l Gemüse- oder hausgemachte Hühnerbrühe

100 g Crème double

1 unbehandelte Zitrone, abgeriebene Schale von ½ Frucht und Saft der ganzen Frucht

Salz

frisch gemahlener Pfeffer

Limonenöl zum Beträufeln

Tipp

Mit fein gehackter glattblättriger Petersilie oder fein gehacktem Koriander garnieren. Karotten durch Kürbis (mehlige Sorte) ersetzen.

CROSTINI

mit Thunfisch

1 Baguettescheiben im vorgeheizten Ofen bei 180 °C hellbraun rösten.

2 Alle Zutaten für die Thunfischpaste im Mixer/Cutter fein pürieren.

3 Zitrone beidseitig kappen, längs vierteln, entkernen, quer in Scheiben schneiden.

4 Thunfischpaste auf die Baguettescheiben verteilen, mit gezupften Petersilienblättchen, Zitronenecken und Kapern garnieren.

8 Baguettescheiben

Thunfischpaste

150 g Thunfisch, in Wasser eingelegt

3 EL Olivenöl extra nativ

1 hart gekochtes Eigelb von einem Freilandei

20 g weiche Butter

1 unbehandelte Zitrone, ein wenig abgeriebene Schale und 2 EL Saft

2 Sardellenfilets

frisch gemahlener schwarzer Pfeffer

glattblättrige Petersilie für die Garnitur

1 Zitrone für die Garnitur

in Salz eingelegte Kapern für die Garnitur

SCHWERTFISCH-CARPACCIO

8 Baguettescheiben

Marinade

einige Tropfen bester Balsamico

2 EL Limonenöl (Olivenöl mit 20 % Limonenanteil)

Salz, Pfeffer

120 g hauchdünne Schwertfischscheiben, evtl. geräuchert

1–2 unbehandelte Zitronen, 8 sehr fein geschnittene Scheiben, entkernt

1 EL gehackte glatt-blättrige Petersilie

1 Baguettescheiben im vorgeheizten Ofen bei 180 °C hellbraun rösten.

2 Schwertfischscheiben mit der Marinade bepinseln, 30 Minuten marinieren.

3 Schwertfischscheiben auf das geröstete Brot legen, mit Zitronenscheiben und Petersilie garnieren.

JUNGER SPINATSALAT

mit Zitronensaft

Lecker und gesund ist junger Spinat frisch vom Markt allemal; er wird gründlich gewaschen, mit einigen Spritzern Zitronensaft beträufelt und mit Olivenöl und etwas Fleur de Sel gewürzt. Wer Knoblauch mag, hobelt oder hackt die Zehen sehr fein und streut sie darüber.

Tipp
Auch wilder Spinat und Guter Heinrich schmecken wunderbar.

LACHSTATAR

1 Lachs mit einem scharfen Messer in Würfelchen schneiden, eventuell hacken.

2 Lachs mit Zitronensaft, Petersilie, Peperoncini und Olivenöl mischen, abschmecken mit Zitronensalz.

3 Lachstatar auf den Zitronenscheiben anrichten, mit grob gemahlenem Pfeffer garnieren.

400 g roher, sehr frischer Bio-Zuchtlachs

1 Zitrone, Saft

1 Bund glattblättrige Petersilie, Blättchen von den Stielen gezupft und gehackt

1 Msp entkernter, fein gehackter Peperoncino

2 EL Olivenöl extra nativ

Zitronensalz, Seite 118

1–2 unbehandelte Zitronen, in feinen Scheiben

grob gemahlener Pfeffer

GEMÜSE-ANTIPASTI

1 Kohlrabi schälen, in Scheiben oder Stäbchen schneiden.

2 Fenchel evtl. mit dem Sparschäler von den groben Fasern befreien oder die «Hülle» entfernen. Knolle in Längsrichtung in feine Scheiben schneiden.

3 Catalogna unten anschneiden, die dicken Sprosse herausbrechen, diese aber unbedingt verwenden, sie sind das Beste vom Catalogna.

4 Gemüse nach Sorten oder gemischt auf einem großen Teller oder auf einer Platte anrichten, mit Salz würzen, mit Zitronensaft und Olivenöl beträufeln … fertig ist eine gesunde und einfache Vorspeise.

Zum Rezept
An meinen Kochkursen löst das marinierte Gemüse immer großes Staunen aus.

Kohlrabi

bauchiger Fenchel

Catalogna cimata

Meersalz,
evtl. Zitronensalz,
Seite 118

Zitronensaft

Olivenöl extra nativ

PEPERONI

mit Sardellen mariniert

1 Peperoni auf ein mit Backpapier belegtes Blech legen, im vorgeheizten Ofen bei 250 °C backen, bis die Haut schwarz ist und Blasen wirft. Herausnehmen. Peperoni mit einem feuchten Geschirrtuch zudecken und auskühlen lassen. Die Peperoni schälen und halbieren, Stielansatz und Kerne entfernen, Schotenhälften längs vierteln.

2 Peperoni in eine flache Schüssel legen. Sardellenfilets mit Zitronensaft fein zerdrücken, Olivenöl zugeben, zu einer Paste rühren, auf den Peperoni verstreichen. 1 bis 2 Stunden marinieren. Minze und Pinienkerne vor dem Servieren darüber streuen.

Salz
Weil die Sardellen schon sehr salzig sind, kann darauf verzichtet werden.

6 rote Peperoni/ Paprikaschoten

Marinade

4 Sardellenfilets

1 große Zitrone, Saft

4–5 EL Olivenöl extra nativ

5 stark duftende Minzeblätter, z. B. Krause Minze oder Marokkanische Minze, in Streifchen

trocken geröstete Pinienkerne nach Belieben

BOHNENSALAT

mit Aioli und gebratenen Zitronen-Calamari

1

Den Stielansatz der Bohnen wegschneiden, Bohnen im Dampf knackig garen, unter kaltem Wasser abschrecken.

2

Calamari vom Fischhändler putzen lassen oder selber den Schnabel, die Augen und die Knorpel entfernen. In Ringe schneiden, gut waschen und trocknen. Ringe in einer Bratpfanne im sehr heißen Olivenöl 1 bis 1 ½ Minuten rührbraten (nicht zu lange braten, sonst werden die Calamari gummig). Würzen mit Salz, Zitronenschalen und Zitronensaft.

3

Für die Aioli durchgepresste Knoblauchzehe, Zitronensaft und Eigelb verrühren, mit Salz und Pfeffer würzen, Olivenöl tropfenweise unterrühren, bis man eine leichte Mayonnaise hat.

4

Bohnen, Zwiebelringe, Cherrytomaten, Bohnenkraut und Aioli vermengen, anrichten. Calamari und Zitronenecken darüber verteilen.

Variante

Calamari mit gehackter glattblättriger Petersilie mischen, zu einem Glas Prosecco servieren.

Calamari

Olivenöl extra nativ zum Braten

500 g Calamari mit Kopf

Meersalz

1–2 unbehandelte Zitronen, wenig abgeriebene Schale und Saft

Bohnensalat

500 g zarte grüne Bohnen

1 rote Zwiebel, in Ringen

8 Cherrytomaten, halbiert

½ Bund Bohnenkraut, fein gehackt

Aioli

1 Knoblauchzehe

1 Zitrone, Saft

1 Eigelb von einem Freilandei

grobes Meersalz

frisch gemahlener Pfeffer

1 dl/100 ml Olivenöl extra nativ

Zitronenecken für die Garnitur

LAUWARMER POLPO

mit Kartoffeln

1 Polpo vom Fischhändler putzen lassen, sonst Schnabel und Augen entfernen. Mit dem Fleischklopfer etwas flach klopfen. Polpo mit Lorbeerblatt und Petersilienstängeln in schwach gesalzenem Wasser bei schwacher Hitze 40 Minuten köcheln lassen. Im Kochwasser abkühlen lassen. Polpo in Stücke teilen.

2 Kartoffeln im Dampf weich garen, schälen und in Stücke schneiden.

3 Polpo, Kartoffeln und Zitronenstückchen mit der Sauce mischen, anrichten.

1 frischer Polpo/Gemeine Krake, mit Kopf 1 kg, ohne Kopf 600 g

1 Lorbeerblatt

einige Petersilienstängel

Sauce

6 EL Olivenöl extra nativ

4 EL Zitronensaft

Salz

2 Knoblauchzehen, fein gehackt

1 Bund glattblättrige Petersilie, Blättchen von den Stielen gezupft, in Streifchen

¼–½ Peperoncino, entkernt, in Streifchen

½ unbehandelte Zitrone, in Stückchen

400 g kleine Kartoffeln oder Frühkartoffeln

MAHLZEITEN MIT PASTA & CO.

44 Zitronen-Spaghetti mit Venusmuscheln

46 Zitronenspinat

46 Zitronen-Kartoffeln

48 Gnocchi mit Fenchel-Bröseln und Zitronen

50 Tagliatelle mit Grünspargel

52 Pikante Zitronenzabaione

54 Penne auf griechische Art

56 Zitronen-Risotto mit Mascarpone

ZITRONEN-SPAGHETTI

mit Venusmuscheln

1 Muscheln sorgfältig waschen, am besten ein paar Stunden in Salzwasser einlegen, dann mehrmals unter fließendem Wasser waschen.

2 Muscheln, Olivenöl und Thymianblättchen in eine heiße Pfanne geben, mit dem Weißwein ablöschen. Muscheln aufspringen lassen (geschlossene Exemplare wegwerfen), die Pfanne von der Wärmequelle nehmen.

3 Spaghetti in reichlich Salzwasser al dente kochen, abgießen.

4 Spaghetti, Muscheln und Sauce mischen, sofort servieren.

750 g frische Venusmuscheln

1 EL Olivenöl extra nativ

reichlich frischer Thymian, Blättchen abgezupft

2 dl/200 ml Weißwein

400 g Spaghetti

Sauce

4 EL Olivenöl extra nativ

3 Knoblauchzehen, fein gehackt

1 unbehandelte Zitrone, Zesten, fein gehackt

reichlich gehackte glattblättrige Petersilie

Salz

frisch gemahlener Pfeffer

ZITRONEN-SPINAT

ca. 1 kg Spinat

2 EL Olivenöl extra nativ

1 Knoblauchzehe, durchgepresst

1 Zitrone, Saft

Zitronensalz, Seite 118

geröstete Pinienkerne nach Belieben

Spinat waschen, tropfnass in einen Topf geben und bei hoher Temperatur zusammenfallen lassen, Deckel auflegen. Olivenöl, Knoblauch und Zitronensaft nach 2 Minuten unterrühren, mit Zitronensalz abschmecken. Sofort servieren.

Gesundheit

Eine erfrischende Spinatkreation. Das Vitamin C im Zitronensaft macht das Eisen im Spinat besser resorbierbar.

ZITRONEN-KARTOFFELN

500 g kleine, fest kochende Kartoffeln

1 kleiner Peperoncino, entkernt, in Ringen

Marinade

6 EL Olivenöl extra nativ

1 Bund glattblättrige Petersilie, Blättchen abgezupft und gehackt

1 große unbehandelte Zitrone, abgeriebene Schale und Saft

Meersalz

frisch gemahlener Pfeffer

1 Kartoffeln schälen, im Dampf weich garen.

2 Die Zutaten für die Marinade mischen, Kartoffeln darin wenden, mit Salz und Pfeffer abschmecken, Peperoniciniringe darüber verteilen.

Tipp

Auch Kinder mögen diese Kartoffeln, jedoch ohne Peperoncini.

Zitronen-Kartoffeln

GNOCCHI

mit Fenchel-Bröseln und Zitronen

1 Beim Fenchel grobfasrige Teile mit dem Sparschäler abschälen, Knollen längs halbieren, quer in feine Streifen schneiden. Knoblauch und Fenchel im Olivenöl etwa 5 Minuten dünsten, ablöschen mit Zitronensaft und mit Salz abschmecken. Fenchel aus der Pfanne nehmen und beiseite stellen.

2 Gnocchi in reichlich Salzwasser al dente kochen, abgießen.

3 Zerpflücktes Brot in der Fenchelpfanne rösten, mit Zitronenschalen abschmecken. Fenchel und Gnocchi zugeben, vermengen, Peperoncini, Käse und Petersilie zugeben, mischen.

350 g Gnocchi (Teigwaren)

2 EL Olivenöl extra nativ

1 Knoblauchzehe, fein gehackt

2 bauchige Fenchel

1 unbehandelte Zitrone, abgeriebene Schale und Saft

50 g helles Brot, ohne Rinde, zerpflückt

1 kleiner Peperoncino, entkernt, in Ringen

30 g frisch geriebener Pecorino

Salz

2–3 EL gehackte glattblättrige Petersilie

TAGLIATELLE

mit Grünspargel

1 Schnittstelle beim Spargel großzügig abschneiden, das untere Drittel des Grünspargels (beim Wildspargel nicht notwendig) schälen, in 3–4 cm lange Stücke schneiden.

2 Tagliatelle in reichlich Salzwasser al dente kochen, Spargel 2 bis 4 Minuten mitkochen, in ein Sieb abgießen (Kochwasser für eine Suppe auffangen).

3 Olivenöl, Crème double, Zitronensaft und Zitronenschalen sowie Kräuter verrühren.

4 Spargel-Nudel-Gemisch in den Topf geben und mit der Sauce vermengen, erhitzen. Anrichten. Mit grob gemahlenem Pfeffer und Käsespänen garnieren.

400 g Tagliatelle

500 g Grün- oder Wildspargel

4 EL Olivenöl extra nativ

1 Becher Crème double oder Mascarpone (180 g)

1 unbehandelte Zitrone, abgeriebene Schale und Saft

1–2 EL fein gehackte glattblättrige Petersilie

frisch gemahlener Pfeffer

Parmesan- oder Pecorinospäne

PIKANTE ZITRONENZABAIONE

Für die Zabaione alle Zutaten in eine kleine Schüssel geben und mit dem Schneebesen über dem kochenden Wasserbad zu einer luftigen Sauce aufschlagen. Sofort servieren.

Variante

Weißwein durch 1 dl/100 ml Olivenöl ersetzen. So bekommt man eine Zitronen-Mayonnaise.

Tipp

Passt zu gedämpftem Gemüse, wie Spargel, Brokkoli, Blumenkohl, Karotten, Lauch. Passt auch zu pochiertem Fisch.

1 Freilandei

1 Eigelb von einem Freilandei

3 EL Weißwein

1–2 unbehandelte Zitronen, abgeriebene Schale und Saft

½ TL Meersalz

1 TL Zitronensenf

frisch gemahlener Pfeffer

PENNE AUF GRIECHISCHE ART

1 Penne in reichlich Salzwasser al dente kochen. Einige Esslöffel Kochwasser für die Sauce entnehmen. Penne abgießen.

2 Für die Sauce Schalotten und Knoblauch im Olivenöl andünsten, mit Weißwein und Kochwasser ablöschen, Zitronenschalen und Saft zugeben, etwa 10 Minuten köcheln lassen. Ziegenfrischkäse mit der Gabel zerdrücken und unter die Sauce rühren, erwärmen, mit Salz und Pfeffer abschmecken. Penne zur Sauce geben, vermengen, mit Olivenöl verfeinern. Käse separat servieren.

Variante
Spinat oder Grünspargel 2 bis 3 Minuten mit den Penne kochen.

400 g Penne

Meersalz

Sauce

1 EL Olivenöl extra nativ

2 kleine Schalotten, fein gehackt

2 Knoblauchzehen, fein gehackt

1 dl/100 ml Weißwein

1 große unbehandelte Zitrone, in Streifchen geschnittene Zesten und Saft

200 g Ziegenfrischkäse oder Feta

Meersalz

frisch gemahlener Pfeffer

3–4 EL Olivenöl extra nativ

frisch geriebener Pecorino oder Parmesan

ZITRONEN-RISOTTO MIT MASCARPONE

Olivenöl und Butter erhitzen, Zwiebeln darin andünsten, Reis zugeben und glasig dünsten, mit Weißwein ablöschen, ein wenig einköcheln lassen, nun immer wieder Gemüsebrühe zugeben. Das Geheimnis eines guten Risotto ist, dass man ohne Unterbruch rührt und genügend Brühe nachgießt. Ein guter essbereiter Risotto ist noch fast flüssig. Nach 15 bis 17 Minuten den Spinat unterrühren, kurz zusammenfallen lassen, würzen mit Zitronenschale, Zitronensaft (evtl. braucht es nicht allen Saft) und Pfeffer. Ganz am Schluss Mascarpone unterrühren, nochmals gut erhitzen. Risotto in tiefen Tellern anrichten. Am Tisch mit Limonenöl beträufeln und nach Belieben mit geriebenem Käse bestreuen.

Brennnesseln
Die Brennnesselblätter müssen zuerst blanchiert und dann grob gehackt werden.

2 EL Olivenöl extra nativ

1 kleines Stück Butter

1 kleine Zwiebel, fein gehackt

400 g Tessiner Risotto oder Carnaroli

1 Glas Weißwein oder Prosecco

ca. 1,2 l heiße Gemüsebrühe

4 Hand voll junger Spinat oder junge Brennnesselspitzen

1 unbehandelte Zitrone, abgeriebene Schale und Saft

frisch gemahlener Pfeffer

4–5 EL Mascarpone oder Gorgonzola oder Ziegenfrischkäse

Limonenöl

wenig frisch geriebener Pecorino oder Parmesan nach Belieben

FISCH – FLEISCH

60 Thunfisch-Tatar

62 Thunfisch mit Ingwer und Zitrone

63 Goldbrasse mit Kapernfrüchten und Zitronen

64 Sardellen al Limone

64 Gegrillte Sardinen

65 Zitronenpoulet

66 Lammkotelett mit Pinienkern-Zitronen-Panade

66 Lammkotelett mit Zitronen-Oliven-Sauce

68 Geschmortes Kaninchenfleisch mit Kräutern und Zitronen

70 Griechische Fleischbällchen

72 Lammspieß

72 Pouletspieß

THUNFISCH-TATAR

1 Sardellen, Pinienkerne, Kapern, Zitronensaft und Olivenöl im Cutter/Mixer rasch fein hacken, würzen.

2 Thunfisch mit einem Messer fein hacken. Mit dem Sardellenmix mischen.

3 Tatar auf den Zitronenscheiben anrichten, mit Petersilie garnieren.

2–3 unbehandelte Zitronen, in Scheiben

500 g frisches Thunfischfilet, Sushi-Qualität

3 Sardellen

30 g Pinienkerne, trocken geröstet

1 TL in Salz eingelegte Kapern, abgespült

2 Zitronen, Saft

2–3 EL Olivenöl extra nativ

Salz

frisch gemahlener Pfeffer

1 EL gehackte glattblättrige Petersilie

Fisch

THUNFISCH

mit Ingwer und Zitrone

1 Ingwer und Knoblauchzehe schälen, im Mörser fein verreiben.

2 Tomaten an der Spitze kreuzweise einschneiden, in einem Schaumlöffel in kochendes Wasser tauchen, bis sich die Haut löst, unter kaltem Wasser abschrecken, Tomaten schälen, Stielansatz kreisförmig herausschneiden, würfeln.

3 Zwiebeln im Olivenöl andünsten, Knoblauch-Ingwer-Gemisch und Tomatenwürfel zugeben, mitdünsten, mit Paprika, Zimt und Zitronenschalen abschmecken, die Sauce bei schwacher Hitze etwa 15 Minuten köcheln lassen.

4 Fischstücke in die Sauce legen, zugedeckt 8 Minuten pochieren. Zimtstange entfernen.

Tipp

Mit den marokkanischen Zitronen, Seite 115, servieren.

500 g Fisch, z. B. Thunfisch, Schwertfisch, Seeteufel oder Kabeljau, in Stücken

2 EL Olivenöl extra nativ

2 kleine Zwiebeln, gehackt

1 Stück frischer Ingwer, ca. 3 cm

1 Knoblauchzehe

4–5 Tomaten

½ TL Paprikapulver

1 mittelgroße Zimtstange

1 unbehandelte Zitrone, abgeriebene Schale

GOLDBRASSE

mit Kapernfrüchten und Zitronen

1. Backofen auf 200 °C vorheizen.

2. Zucchini beidseitig kappen, in etwa 5 mm dicke Scheiben schneiden.

3. Zucchini, Schalotten, Kräuter, Knoblauch und Olivenöl mischen, mit Kräutersalz würzen. Auf ein Kuchenblech oder in eine Gratinform verteilen. Im Ofen bei 200 °C 20 Minuten schmoren.

4. Die Hälfte der Kapernfrüchte für die Garnitur ganz lassen. Den Rest in Scheiben schneiden, in der Mischung aus Olivenöl und Butter dünsten, Zitronensaft und Petersilie unterrühren.

5. Fischfilets salzen, mit wenig Zitronensaft beträufeln. 10 Minuten marinieren. Filets im Mehl wenden, in einer Mischung aus Butter und Olivenöl beidseitig kurz braten.

6. Die Fischfilets mit den Zucchini auf vorgewärmten Tellern anrichten, mit den Kapern garnieren.

4 Filets von Goldbrasse oder Wolfbarsch

Salz

Zitronensaft

wenig Mehl

Butter

Olivenöl extra nativ

1 TL Olivenöl extra nativ

1 TL Butter

50 g Kapernfrüchte

1 große Zitrone, Saft

2 EL gehackte glattblättrige Petersilie

Gemüse

2 Zucchini

2 Schalotten, geviertelt

1 Thymianzweig, Blättchen abgezupft

1 Rosmarinzweig, Nadeln abgestreift

1 Knoblauchzehe, durchgepresst

4 EL Olivenöl extra nativ

Kräutersalz

SARDELLEN AL LIMONE

300–400 g sehr frische kleine Sardellen

Salz

ca. 1 dl/100 ml frisch gepresster Zitronensaft

3–4 EL Olivenöl extra nativ

1 große Knoblauchzehe, grob gehackt

2 EL grob gehackte glattblättrige Petersilie

1 Sardellen waschen. Vom Kopf zum Schwanz am einfachsten mit den Fingern die Gräten herausziehen, so wird gleichzeitig auch der Kopf abgetrennt, zurück bleiben die zarten Filets. Das muss man einige Male machen, dann geht das ganz einfach. Fischfilets in eine große Schüssel legen, großzügig salzen, mit dem Zitronensaft bedecken. Mindestens 6 Stunden oder über Nacht im Kühlschrank zugedeckt marinieren.

2 Die Sardellen auf einem Sieb abtropfen lassen. Das Olivenöl in eine Schüssel geben. Die marinierten Fischfilets hineinlegen, mit Knoblauch und Petersilie bestreuen.

GEGRILLTE SARDINEN

12 frische Sardinen, geschuppt und ausgenommen

Olivenöl zum Braten

Marinade

2 Knoblauchzehen, fein gehackt

0,8 dl/80 ml Olivenöl extra nativ

4–6 EL Zitronensaft

2 EL gehackte glattblättrige Petersilie

Pfeffer, Zitronensalz, Seite 118

1 Ofen auf Grillstufe vorheizen. Einen Bräter mit Alufolie auskleiden, mit Olivenöl bepinseln. Sardinen auf die Folie legen. In den Fischbauch ein wenig Marinade füllen, auch die Oberfläche mit der Marinade bepinseln.

2 Bräter in der Mitte in den Ofen schieben, Sardinen 3 Minuten grillen, wenden, 3 Minuten grillen.

ZITRONENPOULET

1 Poulet längs halbieren, die beiden Hälften in je 4 Stücke schneiden (evtl. vom Metzger portionieren lassen). Pouletteile nebeneinander in eine flache Schüssel legen. Die Marinade darüber verteilen. Über Nacht zugedeckt in den Kühlschrank stellen.

2 Pouletteile gut abtropfen lassen, in einem Brattopf im heißen Olivenöl rundum kräftig anbraten, Marinade und Weißwein zugeben, das Fleisch bei schwacher Hitze zugedeckt 45 bis 60 Minuten schmoren lassen.

1 großes Freilandpoulet

2 EL Olivenöl extra nativ

1 Glas Weißwein

Marinade

1 unbehandelte Zitrone, abgeriebene Schale und Saft

1 Glas Weißwein, ca. 1,2 dl/120 ml

2 TL grob gemahlener Pfeffer

2 TL grobes Meersalz

2 Gewürznelken

4 frische Lorbeerblätter

½ Peperoncino, entkernt, in Ringen

LAMMKOTELETT

mit Pinienkern-Zitronen-Panade

8 Lammkoteletts

Olivenöl extra nativ zum Braten

Panade

50 g Pinienkerne

50 g Brotbrösel

2 unbehandelte Zitronen, abgeriebene Schale

ca. 1 dl/100 ml Olivenöl extra nativ

1 EL Thymianblättchen oder 1 EL Herbes de Provence

1 kleine getrocknete Chilischote, zerrieben, oder Zitronenpfeffer

Salz

1 Pinienkerne und Brotbrösel im Mörser oder Cutter fein verreiben, Zitronenschale und Olivenöl zugeben, eine sämige Paste rühren, mit Thymian, Chili und Salz würzen.

2 Lammkoteletts mit der Panade einhüllen, Panade gut andrücken. Koteletts in der Bratpfanne im Olivenöl bei mittlerer Hitze vorsichtig beidseitig braten. Die Koteletts sollen innen noch rosa sein.

LAMMKOTELETT

mit Zitronen-Oliven-Sauce

8 Lammkoteletts

Sauce

¾ dl/75 ml Olivenöl extra nativ

½ dl/50 ml heißes Wasser

2 EL Zitronensaft

1 durchgepresste Knoblauchzehe

2 EL gehackte Petersilie

Salz

frisch gemahlener Pfeffer

1 Olivenöl und Wasser zu einer sämigen Sauce mixen, Zitronensaft, durchgepresste Knoblauchzehe und Petersilie unterrühren, mit Salz und Pfeffer abschmecken.

2 Koteletts mit Salz und Pfeffer würzen. In der Grill- oder Bratpfanne grillen. Mit der Sauce servieren.

Lammkotelett mit Pinienkern-Zitronen-Panade

GESCHMORTES KANINCHENFLEISCH

mit Kräutern und Zitronen

1 Kaninchen, vom Metzger in Stücke zerlegt

Olivenöl extra nativ

2 frische Zitronen- oder Kaffernlimettenblätter

2 frische Lorbeerblätter oder 1 getrocknetes Lorbeerblatt

Marinade

2½ dl/250 ml Weißwein

2–3 EL Olivenöl extra nativ

2 Zitronen, Saft

1 Kräuterstrauß aus Thymian, Salbei und Rosmarin, Blättchen oder Nadeln abgezupft und gehackt

Salz

frisch gemahlener Pfeffer

1 unbehandelte Zitrone, in Spalten

1 Weißwein, Olivenöl, Zitronensaft und 2–3 Esslöffel gehackte Kräuter in einer großen Schüssel verrühren, mit Salz und Pfeffer abschmecken. Fleisch mit der Marinade vermengen, im Kühlschrank zugedeckt 4 bis 12 Stunden marinieren, ab und zu wenden.

2 Fleisch aus der Marinade nehmen und abtropfen lassen, im Olivenöl kräftig anbraten, mit der Marinade auffüllen, Zitronenblätter und Lorbeerblatt zugeben, bei schwacher Hitze zugedeckt 45 Minuten schmoren, Fleisch immer wieder wenden. Zitronenschnitze zugeben, mit Salz und Pfeffer abschmecken, 15 bis 20 Minuten köcheln.

3 Das Fleisch anrichten, mit den restlichen Kräutern bestreuen.

Tipps

Das Fleisch mit Limonenöl beträufeln. Mit Kartoffelpüree/-stock oder Ofenkartoffeln servieren.

GRIECHISCHE FLEISCHBÄLLCHEN

500 g Rinder- oder Lammhackfleisch

2 Freilandeier

50 g geriebener Pecorino oder Sbrinz

50 g Panier- oder Dinkelmehl

1 unbehandelte Zitrone, abgeriebene Schale und Saft einer halben Frucht

6 EL gehackte Petersilie

Salz, Pfeffer

wenig Mehl zum Wenden der Bällchen

Olivenöl zum Braten

2 Gläser Weißwein

8 frische Lorbeerblätter

2 unbehandelte Zitronen für die Garnitur

1 Fleisch, Eier, Käse, Paniermehl, Zitronenschalen sowie Petersilie gut mischen, mit Salz und Pfeffer abschmecken. Aus dem Fleisch Bällchen von 2 ½ bis 3 cm Durchmesser formen und im Mehl wenden.

2 Fleischbällchen in einer Bratpfanne im Olivenöl langsam braten, etwa 10 Minuten, mit Weißwein ablöschen, Lorbeerblätter zugeben, Flüssigkeit einkochen, mit Zitronensaft abschmecken.

3 Für die Garnitur die Zitronen beidseitig kappen, längs vierteln, quer halbieren.

LAMMSPIESS

500 g Lammfleisch, gewürfelt

1 Zitrone, Saft

schwarzer Pfeffer oder Zitronenpfeffer

Zitronensalz, Seite 118

Zitronenthymian, fein gehackt

feine Speckscheiben

3 unbehandelte Zitronen

frische Lorbeerblätter

Olivenöl extra nativ zum Braten

Limonenöl (Olivenöl mit 20 % Limonen) zum Beträufeln

1 Fleisch mit Zitronensaft, Pfeffer, Salz und Thymian würzen, 30 Minuten zugedeckt marinieren.

2 Zitronen beidseitig kappen, längs vierteln, quer halbieren.

3 Lammfleisch mit den Speckscheiben umwickeln. Mit Zitronen und Lorbeerblättern auf Spießchen reihen.

4 Die Spießchen in einer Bratpfanne im Olivenöl oder auf dem Grill braten. Am Tisch mit Limonenöl beträufeln.

POULETSPIESS

500 g Poulet-/Hähnchenbrust, gewürfelt

1 Zitrone, Saft

schwarzer Pfeffer oder Zitronenpfeffer

Zitronensalz, Seite 118

Zitronenthymian, fein gehackt

Olivenöl extra nativ zum Braten

Limonenöl (Olivenöl mit 20 % Limonenanteil) zum Beträufeln

1 Fleisch mit Zitronensaft, Pfeffer, Salz und Thymian würzen, 30 Minuten zugedeckt marinieren.

2 Pouletfleisch auf Spießchen reihen. In einer Bratpfanne im Olivenöl oder auf dem Grill braten. Am Tisch mit Limonenöl beträufeln.

Tipp
Mit Reis servieren.

Lammspieß / marrokanische Zitronen

DESSERTS – GEBÄCK

76 Zitronengranité mit Minze

78 Sommerliche Zitronencreme mit Himbeeren

79 Zitronen-Kokos-Panna Cotta

80 Zitronen-Mascarpone-Mousse

80 Lemon Curd

82 Zitronen-Quark-Creme mit Kokosflocken

82 Beeren-Zitronen-«Tiramisù»

83 Zitronen-Riccota-Soufflé

84 Zitronencreme

84 Rosen-Zitronen-Sorbet

86 Zitronenparfait

88 Tiramisù

90 Buttergebäck mit Zitronenglasur

91 Tartelettes mit Lemon Curd und Beeren

92 Zitronenmuffins

94 Zitronentorte

96 Zitronentarte

98 Sizilianischer Zitronen-Mandelkuchen

ZITRONENGRANITÉ

mit Minze

1 Zucker und Wasser zu Sirup einkochen. Abkühlen lassen.

2 Zuckersirup, Zitronensaft und gehackte Zitronenverveine mischen. Im Kühlschrank vorkühlen.

3 Sorbetmasse in die Eismaschine gießen und gefrieren lassen. Oder die Masse in eine Tiefkühldose füllen, im Tiefkühler fest werden lassen, häufig mit einer Gabel rühren, damit sich keine zu großen Eiskristalle bilden können.

4 Gefrorene Sorbetmasse von Hand zerstoßen oder im Cutter/Mixerglas grob hacken.

100 g Zucker

3¾ dl/375 ml Wasser

1¼ dl/125 ml Zitronensaft

5 Blätter Zitronenverveine, fein gehackt

Tipp

Sorbet in ausgehöhlte Zitronen füllen, die man zuerst 10 bis 15 Minuten in den Tiefkühler stellt.

SOMMERLICHE ZITRONENCREME

mit Himbeeren

1 Eigelbe und Zucker von Hand mit dem Schneebesen oder mit dem Stabmixer oder in der Küchenmaschine zu einer luftigen, cremigen Masse aufschlagen.

2 Agar-Agar-Pulver mit dem Weißwein in einem Pfännchen glatt rühren, von der Wärmequelle nehmen, Zitronensaft und Zitronenschalen unterrühren, unter die Eigelbmasse rühren. Rahm steif schlagen und unterziehen.

3 Einige Himbeeren für die Garnitur beiseite legen, die anderen Beeren in Dessertschalen oder Gläser füllen, Zitronencreme dazugeben. Mindestens 3 Stunden in den Kühlschrank stellen.

4 Zitronencreme mit den restlichen Himbeeren und der Zitronenmelisse garnieren.

2 Eigelbe von Freilandeiern

80 g Rohrohrzucker

1 TL Agar-Agar-Pulver (Reformhaus/Bioladen)

6 EL Weißwein

2 unbehandelte Zitronen, abgeriebene Schale und Saft

2½ dl/250 ml Rahm/Sahne

200 g Himbeeren

Zitronenmelisse oder Zitronenverveine für die Garnitur

ZITRONEN-KOKOS-PANNA COTTA

1 Alle Zutaten für die Panna Cotta in einer Pfanne glatt rühren, unter Rühren einmal aufkochen, Creme in die mit kaltem Wasser ausgespülten Förmchen füllen. Panna Cotta abkühlen lassen, 4 Stunden kühl stellen.

2 Panna Cotta auf Teller stürzen, mit Saisonfrüchten oder Saisonbeeren umgeben, mit Zitronenlikör oder Zitronensirup beträufeln und mit Minze garnieren.

für 4–6 Portionenförmchen

Panna Cotta

3 dl/300 ml Rahm/Sahne

1 dl/100 ml Kokosnussmilch

2 g Agar-Agar-Pulver (Reformhaus)

50 g Zucker

1 unbehandelte Zitrone, abgeriebene Schale und Saft

Garnitur

Saisonfrüchte/-beeren für die Garnitur

Zitronenlikör, Seite 108, oder Zitronensirup, Seite 110

Orangen- oder Zitronenminze für die Garnitur

ZITRONEN-MASCARPONE-MOUSSE

225 g Mascarpone

50 g Rohrohrzucker

1 dl/100 ml Rahm/Sahne

1 unbehandelte Zitrone, abgeriebene Schale und Saft

Beeren

Zitronensirup, Seite 110, oder Zitronenlikör, Seite 108

1 unbehandelte Zitrone

1 Mascarpone, Zucker, Rahm, Zitronenschalen und Zitronensaft verrühren. Die Mousse über Nacht in den Kühlschrank stellen.

2 Die Mousse mit einem Eisportionierer portionieren, anrichten. Mit Beeren umgeben und diese mit Zitronensirup oder Zitronenlikör beträufeln. Von der Zitrone Zesten abziehen, in Streifchen schneiden, als Garnitur verwenden.

LEMON CURD

Eine Spezialität aus England, die das Herz jedes Zitronenfans höher schlagen lässt.

für den Vorrat

200 g Zucker

4 kleine Freilandeier

100 g flüssige Butter

4 unbehandelte Zitronen, abgeriebene Schale und Saft

1 Zucker und Eier am besten in der Küchenmaschine/mit dem Mixer cremig aufschlagen, bis sich der Zucker vollständig aufgelöst hat, Butter Zitronenschalen und Zitronensaft unterrühren. Die Lemon Curd über dem kochenden Wasserbad rühren, bis die Creme eingedickt ist. Wichtig: Die Creme darf nicht kochen.

2 Lemon Curd in Gläser mit Schraubverschluss füllen. Abkühlen lassen. Im Kühlschrank lagern.

Verwendung

Zum Füllen von Guetzli/Keksen, Kuchen und Torten. Die Lemon Curd ist auch ein feiner Brotaufstrich.

Zironen-Mascarpone-Mousse

ZITRONEN-QUARK-CREME

mit Kokosflocken

200 g Vollmilch- oder Halbfettquark

50 g Zucker

1 unbehandelte Zitrone, abgeriebene Schale und Saft

3 EL Kokosflocken

2 dl/200 ml Rahm/Sahne

1 Quark, Zucker, Zitronensaft und Zitronenschalen glatt rühren. Kokosflocken unterrühren.

2 Den Rahm steif schlagen, unter die Quarkcreme ziehen.

BEEREN-ZITRONEN-«TIRAMISÙ»

1 Eigelb von einem Freilandei

40 g Puderzucker

250 g Mascarpone

250 g Vollmilch- oder Halbfettquark

6 EL Zitronensirup, Seite 110

200 g Himbeeren

Zitronenlikör, Seite 108

Zitronenmelisse für die Garnitur

1 Eigelb und Puderzucker cremig rühren, Mascarpone, Quark und Zitronensirup unterrühren.

2 Zitronencreme und Himbeeren abwechselnd in Gläser füllen, mit Zitronenlikör beträufeln. Mit Zitronenmelisse garnieren.

Tipps

Mit Löffelbiskuits servieren. Man kann die Löffelbiskuits auch mit Zitronensirup oder Zitronenlikör beträufeln und abwechselnd mit der Creme in Schalen füllen.

ZITRONEN-RICOTTA-SOUFFLÉ

1 Ofen auf 200 °C vorheizen. Souffléförmchen mit Butter einfetten, mit Zucker ausstreuen.

2 Eigelbe und Zucker cremig rühren, Ricotta, Crème fraîche, Zitronenschale und Zitronensaft unterrühren. Eiweiß und Zucker zu Schnee schlagen, unter die Ricottacreme heben. Mehl durch ein Sieb darüber streuen, vorsichtig unterheben. Masse bis auf ¾ Höhe in die vorbereiteten Förmchen füllen.

3 Förmchen in der Mitte in den Ofen schieben, Soufflés bei 200 °C 15 Minuten backen, Nadelprobe machen. Mit Puderzucker bestäuben. Sofort servieren.

2 Eigelbe von Freilandeiern

2 EL fein gemahlener Zucker

100 g Ricotta

2 EL Crème fraîche

1 unbehandelte Zitrone, abgeriebene Schale und Saft von ½ Zitrone

2 Eiweiß

2 EL Zucker

2 El Dinkelruchmehl/ Mehltype 1050

Puderzucker zum Bestäuben

Butter und Zucker für die Souffléförmchen

Tipp
Mit warmen Waldbeeren servieren.

ZITRONENCREME

2 Eigelbe von Freilandeiern

60 g neutraler Honig

1 unbehandelte Zitrone, abgeriebene Schale und 0,6 dl/60 ml Saft

6 EL Weißwein

1 TL Agar-Agar-Pulver (Reformhaus)

2½ dl/250 ml Rahm/Sahne

Zitronenmelisse für die Garnitur

1 Eigelbe und Honig zu einer luftigen, cremigen Masse aufschlagen. Zitronenschalen und Zitronensaft unterrühren.

2 Agar-Agar-Pulver mit dem Weißwein erhitzen, unter die Creme rühren. Den Rahm steif schlagen und unterziehen. In Gläser füllen. Kühl stellen.

ROSEN-ZITRONEN-SORBET

100 g Zucker

2½ dl/250 ml Wasser

1 Blutorange, Saft

1 Zitrone, Saft

2 EL Rosenwasser

1 Eiweiß

2 EL Zitronenlikör, Seite 108

1 Zucker und Wasser 2 Minuten sprudelnd kochen, Orangen- und Zitronensaft zugeben, Sirup durch ein Sieb passieren, erkalten lassen.

2 Rosenwasser zum Sirup geben. Eiweiß zu Schnee schlagen und unterziehen.

3 Sorbetmasse in die Eismaschine füllen, gefrieren lassen. Zitronenlikör unter das Sorbet rühren. Oder die Masse in eine Tiefkühldose füllen, im Tiefkühler fest werden lassen, mit einer Gabel häufig rühren, damit sich keine zu großen Eiskristalle bilden können.

Rosen-Zitronen-Sorbet

ZITRONENPARFAIT

1 Die Cakeform mit Klarsichtfolie auskleiden.

2 Eier, Zucker und Zitronenlikör cremig aufschlagen. Zitronenschalen und Zitronensaft unterrühren. Den Rahm steif schlagen und unterziehen. In die vorbereitete Form füllen. 3 bis 4 Stunden tiefkühlen.

für 1 kleine Cakeform

für 6 Portionen

2 Freilandeier

70 g Zucker oder Agavendicksaft

2 EL Zitronenlikör, Seite 108

1–2 unbehandelte Zitronen, wenig abgeriebene Schale und 1 dl/100 ml Saft

ca. 1,2 dl/120 ml Rahm/Sahne

Tipp

Mit warmen Kumquats (mit Grand Marnier mariniert) oder mit rosa Grapefruitfilets (mit Grand Marnier mariniert) servieren. Mit Zitronenmelisse oder Zitronenverveine garnieren.

TIRAMISÙ

1 Backofen auf 180 °C vorheizen. Den Rücken eines großen rechteckigen Backbleches mit Backtrennpapier belegen.

2 Eier und Honig mit Schneebesen oder in der Küchenmaschine mindestens 10 Minuten zu einer luftigen, cremigen Masse aufschlagen, das Öl tropfenweise zugeben. Mehl, Backpulver, Salz und Zitronenschalen mischen, mit dem Schneebesen vorsichtig unter die Eiermasse rühren.

3 Den Biskuitteig auf dem Backtrennpapier ausstreichen (doppelt so groß wie die Form). Blech in der Mitte in den Ofen schieben, das Biskuit bei 180 °C 15 Minuten backen. Nadelprobe machen. Auskühlen lassen.

4 Das Biskuit halbieren, eine Hälfte in die Form legen, mit Zitronensirup und Zitronenlikör tränken, die Hälfte der Creme darauf verstreichen, das zweite Biskuit darauf legen, mit Zitronensirup und Zitronenlikör tränken, mit der restlichen Creme überziehen. Form mit Folie verschließen. Tiramisù 12–24 Stunden kühl stellen, durchziehen lassen. Vor dem Servieren nach Belieben mit Puderzucker bestäuben.

Eier trennen

Ich habe das Rezept sowohl mit ganzen wie mit getrennten Eiern ausprobiert; das Resultat war das gleiche. Wichtig ist, dass man auch bei ganzen Eiern die Masse lang genug rührt.

für ein rechteckiges Backblech

4 Freilandeier

120 g heller Blütenhonig oder Zucker

3 EL (40 g) Limonenöl (Olivenöl mit 20 % Limonenanteil) oder 3 EL Olivenöl extra nativ (40 g)

150 g Dinkelruchmehl/Mehltype 1050

2 TL phosphatfreies Backpulver

2 Prisen Meersalz

1 unbehandelte Zitrone, abgeriebene Schale

Zitronensirup, Seite 110

Zitronenlikör, Seite 108

1–1½ Portion Tiramisù-Füllung, Seite 82

Puderzucker nach Belieben

BUTTERGEBÄCK

mit Zitronenglasur

1 Zucker, Butter und Zitronenschale zu einer hellen, luftigen Masse aufschlagen. Salz und Mehl zugeben, zu einem glatten Teig zusammenfügen, nicht kneten. Teig in Klarsichtfolie einwickeln, 1 Stunde kühl stellen.

2 Backofen auf 180 °C vorheizen.

3 Für die Glasur Puderzucker und Zitronensaft glatt rühren.

4 Den Butterteig zwischen zwei Klarsichtfolien 3 mm dick ausrollen. Nach Belieben Sterne, Herzen oder Rondellen ausstechen. Auf ein mit Backpapier belegtes Blech legen.

5 Guetzli in der Mitte in den Ofen schieben, bei 180 °C 10 Minuten backen. Die Guetzli dürfen nicht braun werden. Die noch warmen Guetzli mit der Zitronenglasur bepinseln. Auskühlen lassen.

Haltbarkeit

Die Guetzli sind in einer Dose bis 3 Wochen haltbar.

200 g Rohrohzucker

200 g weiche Butter

1 unbehandelte Zitrone, abgeriebene Schale

1 Prise Meersalz

300 g Dinkelruchmehl/Mehltype 1050

Glasur

150 g Puderzucker

3 EL Zitronensaft

TARTELETTES

mit Lemon Curd und Beeren

1 Backofen auf 180 °C vorheizen. Förmchen mit Butter einfetten.

2 Den Teig 2 mm dick ausrollen, Rondellen in der Größe der Förmchen ausstechen, in die Förmchen legen. Teigboden zum Blindbacken mit Backpapier belegen und mit den getrockneten Bohnen beschweren.

3 Tartelettes im vorgeheizten Ofen bei 180 °C 15 bis 20 Minuten backen. Bohnen und Backpapier entfernen. Auskühlen lassen.

4 Für die Füllung Crème fraîche und Lemon Curd glatt rühren, Beeren untermischen, in die Tartelettes füllen.

für 6–8 Tartelettes

1 gekaufter süßer Mürbeteig

Füllung

180 g Crème fraîche

6 TL Lemon Curd, Seite 80

250 g gemischte Beeren

getrocknete Bohnen zum Blindbacken

ZITRONENMUFFINS

1 Den Backofen auf 180 °C vorheizen.

2 Die Förmchen mit Butter einfetten.

3 Crème fraîche, Zitronensaft und -schalen, Zucker, Eier und flüssige Butter gut verrühren. Mehl, Backpulver und Salz mischen, nach und nach unterrühren. In die Förmchen füllen.

4 Die Förmchen in der Mitte in den Ofen schieben, Muffins bei 180 °C etwa 25 Minuten backen.

5 Die Muffins noch warm mit Zitronensaft beträufeln und mit Puderzucker bestäuben.

Variante (Zutaten)
3 Freilandeier, 100 g Zucker, 80 g Olivenöl extra nativ oder Limonenöl (Olivenöl mit 20 % Limonenanteil), 2 unbehandelte Zitronen (abgeriebene Schale), 1 Briefchen Vanillezucker, 100 g Zitronatwürfelchen, 250 g Dinkelruchmehl/Mehltype 1050, 1 Prise Salz, 1 TL phosphatfreies Backpulver.

für 12 Muffins

180 g Crème fraîche oder Crème double

2 unbehandelte Zitronen, abgeriebene Schale und Saft (ca. 1 dl/100 ml)

120 g Rohrohzucker

2 Freilandeier

80 g flüssige Butter

250 g Dinkelruchmehl/Mehltype 1050

2 TL phosphatfreies Backpulver

1 Prise Salz

Guss

2 TL Zitronensaft

2–3 EL Puderzucker

ZITRONENTORTE

1 Backofen auf 225 °C vorheizen. Den Rand und den Boden der Springform mit Butter einfetten.

2 Butter und Puderzucker zu einer luftigen Masse rühren, Eier und Zitronensaft nach und nach unterrühren. Mehl, Maisstärke, Backpulver sowie Zitronenschalen mischen, portionsweise unter die Buttermasse rühren. In die Springform füllen.

3 Form in der Mitte in den Backofen schieben, Zitronentorte bei 225 °C etwa 35 Minuten backen. Nadelprobe machen.

4 Das noch warme Biskuit einige Male mit einer Stricknadel einstechen. Zitronensaft und Zitronenlikör verrühren, mit einem Esslöffel gleichmäßig über die Torte träufeln. Auskühlen lassen. Mit Puderzucker bestäuben.

für eine Springform von 20 cm Durchmesser oder eine kleine Gugelhupfform

Biskuit

200 g weiche Butter

200 g Puderzucker

2 große Freilandeier, verquirlt

3–4 Zitronen, abgeriebene Schale und 0,6 dl/60 ml Saft (der restliche Saft ist für das gebackene Biskuit bestimmt)

100 g Dinkelruchmehl/Mehltype 1050

100 g Maisstärke oder Pfeilwurzelmehl (Reformhaus)

½ TL phosphatfreies Backpulver

2 EL Zitronenlikör, Seite 108

Puderzucker

ZITRONENTARTE

für eine Springform von 26 cm Durchmesser

Mürbeteig

250 g Dinkelruchmehl/Mehltype 1050

125 g kalte Butter, in Stückchen

2 EL kaltes Wasser

2 Eigelbe

getrocknete Bohnen zum Blindbacken

Füllung

3 unbehandelte Zitronen, Saft und abgeriebene Schale

2 EL Limonenöl (Olivenöl mit 20 % Limonenanteil) oder Olivenöl extra nativ

3 Freilandeier

180 g Zucker

180 g Crème fraîche

1 Am schnellsten und einfachsten ist ein Mürbeteig zubereitet, wenn man alle Zutaten in den Cutter gibt und die Maschine so lange laufen lässt, bis der Teig kompakt, aber noch weich Teig ist. Ohne Cutter: Mehl und Butter krümelig reiben, Wasser und Eigelbe zugeben, zu einem Teig zusammenfügen, nicht kneten. In Klarsichtfolie einwickeln, 30 Minuten kühl stellen.

2 Backofen auf 180 °C vorheizen.

3 Alle Zutaten für die Füllung gut verrühren.

4 Boden der Springform mit Backpapier belegen, den Rand einfetten. Etwa ⅔ der Teigmenge direkt auf dem Blechboden ausrollen. Das geht am besten, wenn man eine Klarsichtfolie auf den Teig legt (kann so am Teigholz nicht kleben). Ring aufsetzen. Aus dem restlichen Teig eine Rolle formen, diese an den Rand legen, etwa 3 cm hoch formen. Backpapier auf den Teig legen, mit Bohnen füllen.

5 Die Form in der Mitte in den Ofen schieben, den Mürbeteigboden bei 180 °C 15 Minuten blind backen. Bohnen und Backpapier entfernen, nochmals 5 Minuten backen. Füllung auf den Teigboden gießen. Die Zitronentarte 30 Minuten backen. Nadelprobe machen. Ausgekühlt servieren.

Tipp
Feine, entkernte Zitronenscheiben im Birnendicksaft glasig kochen, als Garnitur verwenden.

SIZILIANISCHER ZITRONEN-MANDELKUCHEN

mit Pinienkernen

für eine Springform von 26 cm Durchmesser

Mürbeteig

140 g kalte Butter, in Stückchen

130 g Rohrohrzucker

2 Freilandeier

1 unbehandelte Zitrone, Schale

250 g Dinkelruchmehl/Mehltype 1050

getrocknete Bohnen zum Blindbacken

Füllung

2 Freilandeier

4 Eigelbe von Freilandeiern

140 g Zucker

2 unbehandelte Zitronen, abgeriebene Schale und 1 dl/100 ml Saft

50 g weiche Butter oder Limonenöl (Olivenöl mit 20 % Limonenanteil)

100 g geriebene Mandeln

2 EL Pinienkerne

Puderzucker

1 Mürbeteig: Zubereitung Seite 96

2 Den Backofen auf 200 °C vorheizen.

3 Boden der Springform mit Backpapier belegen, den Rand einfetten. Etwa ⅔ der Teigmenge direkt auf dem Blechboden ausrollen. Das geht am besten, wenn man eine Klarsichtfolie auf den Teig legt (kann so am Teigholz nicht kleben). Ring aufsetzen. Aus restlichem Teig eine Rolle formen, an den Rand legen, etwa 3 cm hoch formen. Backpapier auf den Teig legen, mit Bohnen füllen.

4 Die Form in der Mitte in den Ofen schieben, den Mürbeteigboden bei 200 °C 20 bis 25 Minuten backen. Bohnen und Papier entfernen, Teigboden nochmals 5 Minuten backen. Auskühlen lassen.

5 Backofen auf Grillstufe aufheizen.

6 Für die Füllung Eier, Eigelbe, Zucker, Zitronenschalen, Zitronensaft und Butter in eine Schüssel über dem heißen Wasserbad zu einer cremigen Masse rühren, Mandeln zugeben. Füllung ein wenig auskühlen lassen, auf dem Teigboden glatt streichen. Pinienkerne und Puderzucker darüber streuen. Den Kuchen unter dem Grill 3 bis 4 Minuten backen. Auskühlen lassen.

GETRÄNKE – BASICS

102 Erfrischender Zitronen-Minze-Drink

103 Echte alte Zitronen-Gazosa

104 Zitronen-Kokos-Lassi mit Ingwer

106 Holunderblütensekt

107 Zitronen-Cognac

107 Ice-Tea

108 Limoncello – Sizilianischer Zitronenlikör

108 Heißer Zitronengrog

110 Zitronensirup – Zitronenbier

112 Zitronensoda

112 Französischer Zitronenwein

114 Zitronen-Weißwein-Aperitif

114 Zitronendrink mit Weißwein und Grappa

115 Marokkanische Zitronen

116 Siziliansiche Zitronenmarmelade

118 Zitronensalz – Zitronenbutter

120 Zitronen-Vinaigrette – Feta-Zitronen-Sauce mit Chili

121 Sesam-Zitronen-Dip – Auberginen-Sesam-Dip

ERFRISCHENDER ZITRONEN-MINZE-DRINK

1 Wasser, Zucker, Kardamomkapseln und Minze aufkochen, Auskühlen lassen. Absieben. Zitronensaft zugeben. Mit Mineralwasser verdünnen.

2 Drink anrichten, mit Minze und Zitronenscheibe garnieren.

3 dl/300 ml Wasser

150 g Zucker oder Agavendicksaft

4 Kardamomkapseln, zerdrückt

1 große Hand voll duftende Minzeblätter, gehackt

1 große Zitrone, Saft

½ l kohlensäurehaltiges Mineralwasser

Minze für die Garnitur

Zitronenscheibe für die Garnitur

ECHTE ALTE ZITRONEN-GAZOSA

1 Die Hälfte der Zitronen mit Schale in Scheiben schneiden. Die restlichen Zitronen nur auspressen.

2 Zitronenscheiben, Zironensaft, Zucker und Wasser in eine alte Korbflasche füllen, mit einem Gazetuch verschließen. 4 bis 6 Tage stehen lassen. Limonade nach 3 bis 4 Tagen probieren; wenn sie leicht bitter schmeckt, müssen die Zitronenscheiben entfernt werden. Sobald die Limonade Kohlensärue bildet, wird sie durch einen Filter in Bügelflaschen gefüllt. Flaschen verschließen. Kühl lagern.

Haltbarkeit
Bei kühler Lagerung etwa 2 Monate.

10 unbehandelte Zitronen

500 g Zucker

4 l Wasser

ZITRONEN-KOKOS-LASSI

mit Ingwer

1 Alle Zutaten im Mixer schaumig rühren.

2 Lassi anrichten. Mit einem Zitronengrasstängel servieren. Fein und erfrischend!

für 3 Gläser

300 g Vollmilchjogurt, evtl. Schafmilchjogurt

1 dl/100 ml Kokosnussmilch

50 g Rohrohrzucker

ca. 3 cm frische Ingwerwurzel, geschält und gerieben

1 große Zitrone, 2 TL abgeriebene Schale und Saft

1 Zitronengrasstängel

Erfrischerndes Zitronen-Kokos-Lassi

HOLUNDER-BLÜTENSEKT

1 Die Holunderblüten einzeln auf Insekten kontrollieren, dann mit einer Schere unterhalb des Blütenkelches abschneiden.

2 Alle Zutaten in ein großes Gefäß/in eine große Schüssel füllen, an einem warmen Ort 24 bis 48 Stunden ziehen lassen. 2 Mal täglich rühren.

3 Den Sekt durch ein Mull-/Baumwolltuch passieren. In Champagnerflaschen (ein absolutes Muss) füllen. Mit Plastik-Sektkorken (im Fachhandel erhältlich) verkorken und verdrahten. Im kühlen Keller kommt es zur zweiten Gärung, der Flaschengärung. Vorsicht: durch den hohen Innendruck kann einmal eine Flasche in Brüche gehen. Der Sekt ist nach 3 bis 4 Wochen trinkbereit.

4 Flaschen öffnen: Den Sekt stark kühlen. Öffnen und gleich wieder mit einem Klemmzapfen verschließen. Sekt an der Kühle einige Stunden ruhen lassen.

7 l Wasser

20–25 Holunderblütendolden

2 unbehandelte Zitronen, in Scheiben

800 g Zucker

1 l Apfelessig

ZITRONEN-COGNAC

1 unbehandelte Zitrone, Schale spiralförmig abschälen (nur gelbe Teile)

2 cl Cognac

1 dl/100 ml kohlensäurehaltiges Mineralwasser

Alles gut verrühren.

ICE-TEA

1 Beutel Schwarztee

1 l Wasser

60 g Zucker oder Rohrohrzucker

½–1 Zitrone, Saft

1 Schwarztee mit dem kochenden Wasser übergießen, 30 bis 60 Sekunden ziehen lassen.

2 Teebeutel entfernen, Zucker zugeben. Abkühlen lassen. Zitronensaft zugeben.

Was mein Sohn zu meinem Ice-Tea sagt: einen besseren gibt es nicht!
Ice-Tea auf dem Prüfstand: Der aus dem Regal enthält die 3- bis 4-fache Menge Zucker und häufig auch die gesundheitlich umstrittene Zitronensäure, welche das Entkalken der Knochen und Zähne begünstigt (mit dem gleichen Produkt werden auch die Nasszellen entkalkt).

LIMONCELLO – SIZILIANISCHER ZITRONENLIKÖR

6–8 große unbehandelte Zitronen

3 dl/300 ml Grappa oder Wodka

500 g Zucker

4 dl/400 ml Wasser

1 Zitronenschalen mit einem Sparschäler dünnschalig abschälen (nur gelbe Teile).

2 Zitronenschalen im Grappa mindestens 2 Wochen einlegen. Durch ein Mull-/Baumwolltuch filtern.

3 Zucker und Wasser etwa 15 Minuten zu Sirup einkochen, auskühlen lassen. Zitronengrappa unterrühren.

4 Limoncello in Flaschen mit Schraubverschluss oder Zapfen mit Bügel füllen, verschließen. 2 bis 6 Monate reifen lassen.

HEISSER ZITRONEN-GROG

1 Zitrone, Saft

1 TL Zucker oder Akazienhonig

1 cl Rum oder Whisky oder Grappa

1½ dl/150 ml kochendes Wasser

Alle Zutaten gut verrühren.

Limoncello

ZITRONENSIRUP

700 g Zucker

3 dl/300 ml Wasser

4 unbehandelte Zitronen, Zesten oder abgeriebene Schale von einer Zitrone und 3 dl/300 ml Saft

1 Zucker und Wasser etwa 15 Minuten zu Sirup einkochen, Zitronensaft zugeben, einmal aufkochen. Zitronenschalen zugeben. Sirup bei schwacher Hitze 15 Minuten köcheln lassen. Der Sirup hat die richtige Konsistenz, wenn er am Topfrand klebt. Zitronenschalen entfernen.

2 Den Zitronensirup kochend heiß in vorgewärmte Flaschen mit Schraubverschluss füllen, sofort verschließen. Flaschen zum Erkalten auf den Kopf stellen. Nach dem Öffnen im Kühlschrank aufbewahren.

Variante

Zucker, Zitronensaft und abgeriebene Schale in eine Schüssel geben, über Nacht zugedeckt stehen lassen. Zitronenzucker und Wasser aufkochen, 15 Minuten köcheln. Kochend heiß in vorgewärmte Gläser mit Schraubverschluss füllen, verschließen. Gläser zum Erkalten auf den Kopf stellen. Bei dieser Zubereitung entstehen Enzyme, welche den Zitronengeschmack des Sirups verstärken.

ZITRONENBIER

Zitronensirup, oben

helles Bier

Zitronensirup in ein Glas geben, mit Bier auffüllen.

ZITRONENSODA

1 l kohlensäurehaltiges Mineralwasser

2 Zitronen, Saft

1 dl/100 ml Zitronensirup, Seite 110

einige Eiswürfel nach Belieben

Alle Zutaten verrühren. Sofort genießen.

FRANZÖSISCHER ZITRONENWEIN

3 unbehandelte Zitronen, Zesten

200 g Zucker

1½ dl/150 ml Wasser

1 kleines Glas Grappa

1 l Weißwein, z. B. Chardonnay

1 Die Zitronenzesten im Weißwein 2 bis 3 Tage mazerieren.

2 Zucker und Wasser 15 Minuten zu Sirup einkochen, Grappa zugeben. Zum Weißwein geben.

3 Zitronenwein in einer Schüssel 21 Tage zugedeckt ziehen lassen.

4 Zitronenwein durch ein Mull-/Baumwolltuch filtern. In Flaschen mit Schraubverschluss füllen. Vor dem Servieren 2 bis 3 Monate kühl lagern.

ZITRONEN-WEISSWEIN-APERITIF

1–2 unbehandelte Zitronen, in feinen Scheiben

1 l Weißwein

150 g Zucker

1 l kohlensäurehaltiges Mineralwasser

1 Zitronenscheiben, Weißwein und Zucker in eine Schüssel geben, über Nacht stehen lassen.

2 Zitronenwein durch ein Mull-/Baumwolltuch filtern. Mineralwasser zugeben. Kalt genießen.

ZITRONENDRINK

mit Weißwein und Grappa

10 Würfelzucker

2 unbehandelte Zitronen, abgeriebene Schale und Saft

1 l Weißwein

1 Glas Grappa oder Rum

1 Zucker in eine Schüssel geben, Zitronenschalen und Zitronensaft darüber verteilen, mit Weißwein und Grappa auffüllen. Einen Tag ziehen lassen.

2 Zitronenwein durch ein Mull-/Baumwolltuch filtern, in Flaschen füllen, kühl stellen.

Tipp
Mit kohlensäurehaltigem Mineralwasser zu gleichen Teilen mischen.

MAROKKANISCHE ZITRONEN

3 unbehandelte Zitronen, geachtelt

feinkörniges Meersalz

½ TL Pfefferkörner, zerstoßen

2 kleine Knoblauchzehen

1 Lorbeerblatt

½ Zimtstange

Olivenöl extra nativ zum Auffüllen

1 Zitronen mit Salz bestreuen, auf einem Kuchengitter über einer Schüssel 24 Stunden abtropfen lassen.

2 Zitronen trocken tupfen, in ein Glas mit Schraubverschluss schichten, alle Gewürze zugeben, mit Olivenöl auffüllen. Glas verschließen. 1 bis 3 Wochen marinieren. Angebrochene Gläser kühl aufbewahren.

Abbildung Seite 73

Tipp
Passt zu Curry mit Fleisch sowie Fisch und Lamm.

SIZILIANISCHE ZITRONENMARMELADE

1 Eine Zitrone beiseite legen. Restliche Früchte in einen Topf mit kochendem Wasser geben, 20 Minuten bei schwacher Hitze kochen. Wasser abgießen. Mit frischem Wasser aufsetzen, aufkochen, nochmals 20 Minuten köcheln lassen. Zitronen aus dem Wasser nehmen. Das Kochwasser aufbewahren.

2 Zitronen mit Schale würfeln, durch die großlöchrige Scheibe des Passevites/der Flotten Lotte drehen (man sollte etwa 500 g Püree erhalten).

3 500 g Zitronenpüree mit 500 g Zucker und einem Liter Kochwasser aufkochen, etwa 5 Minuten sprudelnd kochen. Verbleibende Zitrone mit Schale in feine Scheiben schneiden, Kerne entfernen, zur Marmelade geben, weitere 10 Minuten kochen.

4 Die Zitronenmarmelade in vorgewärmte Gläser mit Schraubverschluss füllen, sofort verschließen. Gläser zum Auskühlen auf den Kopf stellen.

für 2 Gläser mit 4 dl/400 ml Inhalt

1,2 kg unbehandelte Zitronen

ca. 500 g Zucker

Tipp

Passt als Beilage auch sehr gut zu Käse.

ZITRONENSALZ

2 unbehandelte Zitronen, Zesten

120–150 g Fleur de Sel

Zitronenzesten und Salz mischen. In ein Glas mit Schraubverschluss füllen, Salz vor Gebrauch 2 Wochen mazerieren.

Varianten

Dem Salz zusätzlich fein gehackte frische Kräuter wie Zitronenthymian und Rosmarin und nach Belieben Orangenzesten beimischen.
Statt Salz einfach zerstoßenen schwarzen Pfeffer mit abgeriebener Zitronenschale mischen.

Verwendung

Zum Würzen von Fleisch, Fisch, Gemüse usw.

ZITRONENBUTTER

8 EL Butter oder Olivenöl

1 unbehandelte Zitrone, ½ TL abgeriebene Schale und 1–3 EL Saft

Zitronensalz, oben

frisch gemahlener Pfeffer

Alle Zutaten erwärmen.

Variante

Mit wenig geriebenem Pecorino mischen.

Tipp

Passt zu Fisch, Spargel, Blumenkohl usw.

Zitronen-Butter

ZITRONEN-VINAIGRETTE

6 EL Zitronensaft

2 TL Senf

6–8 EL Olivenöl extra nativ

2 EL Crème fraîche

½ TL Akazienblütenhonig

Zitronensalz, Seite 118

frisch gemahlener Pfeffer

10 Blättchen Zitronenmelisse, gehackt

1–2 Schalotten, fein gehackt

Zitronensaft, Senf, Olivenöl, Crème fraîche und Honig glatt rühren, würzen. Kräuter und Schalotten unterrühren.

Serviervorschlag
Passt zu gedämpftem Gemüse wie Spargel oder Blumenkohl.

FETA-ZITRONEN-SAUCE

mit Chili

75 g Feta

6 EL Olivenöl extra nativ

1 Zitrone, Saft

¼ entkernte Chilischote, fein gehackt, nach Belieben

Salz

frisch gemahlener Pfeffer

2 EL saurer Halbrahm/saure Sahne oder Jogurt

evtl. wenig Wasser

Alle Zutaten mixen.

Serviervorschlag
Passt zu gebratenem Lamm.

SESAM-ZITRONEN-DIP

2 EL Sesampaste (Reformhaus)

2 EL Zitronensaft

2 EL Wasser

Zitronensalz, Seite 118

1 Knoblauchzehe, durchgepresst, nach Belieben

1 EL gehackte glattblättrige Petersilie, nach Belieben

Alle Zutaten mischen.

Serviervorschlag
Passt zu gedämpftem und rohem Gemüse.

AUBERGINEN-SESAM-DIP

1 kleine Aubergine

1 Knoblauchzehe, fein gehackt

½ Bund glattblättrige Petersilie, Blättchen abgezupft, gehackt

1–2 EL Sesampaste (Reformhaus)

1 Zitrone, Saft

Meersalz

einige schwarze Oliven, entsteint, nach Belieben

1 Aubergine auf ein mit Backpapier belegtes Blech legen, im vorgeheizten Ofen bei 240 °C rösten, bis die Haut schwarz ist. Gemüsefrucht schälen, Saft ausdrücken, Fruchtfleisch mit der Gabel zerstoßen.

2 Auberginenmus mit den übrigen Zutaten mischen, mit Salz abschmecken. Mit Oliven garnieren.

Serviervorschlag
Mit Crostini servieren.

REGISTER

A
Alicante 11
Antiaging 18
Anbau 16
Antioxidantien 18
Antipasti 29, 30, 31, 32, 34, 38, 39
Apfel, medischer 10
Apfel, persischer 10
Aphten 19
appetitfördernd 18
Araber 10
Arthritis 18, 19
Aubergine 121

B
Bad, Zitronen- 20
Bakterien 18
Basenbildner 18
Bauchkrämpfe 18
Beeren 79, 80, 82, 91
Beruhigungsmittel 18
Bier 110
Blähung 18
Blumenkohl 52
blutbildend 19
Blutfett 19
Bluthochdruck 18, 19
Blütezeit 12
Bohne, grüne 36
Brüsseler Endivie 38

C
Catalogna
China 10
Cicorino rosso 38
Cognac 07
Couscous 24
Creme 82, 84
Crostini 28

D
Depression 18
desinfizierend 18
Durchblutung 19

E
Eistee 104
Ellbogen, rauer 21
Entgiftungsenzyme 18
Erkältung 18, 19
Erntezeit 12
Essig, Zitronen- 20

F
Fenchel 32, 48
Fettverbrennung 19
Fieber 18
Fisch 28, 29, 31, 34, 36, 38, 44, 60, 62, 63, 64
Fleisch 38, 39, 65, 66, 68, 70, 72
Frankreich 12
Fuß 20

G
Getränke 102, 103, 104, 106, 107, 108, 110, 112, 114
Gicht 18, 19
Granité 76
Grog 108
Guetzli 90
Gurke 24

H
Haare 20
Halsschmerzen 19
Hautfalten 20
Hautflecken 20
Hautkratzer 18
Hepatitis 19
Herz 18
Herztonikum 19
Holunderblüten 106
Hühnerauge 20

I
Ice-Tea 107
Immunsystem 18
Infektion 18
Inhaltsstoffe 14
Italien 11, 12

K
Kalabrien 11
Karotte 26, 52
Kartoffel 40, 46
Kekse 90
Kohlrabi 32
Kolumbus 10
Krebsprävention 18, 19
Kuchen 98
Kultstatus 10

L
Lagerung 16
Lassi 104
Lebererkrankung 18
Lemon Curd 80
Likör 108
Limoncello (Zitronenlikör) 12, 108
Limonen 18, 19
Limonenöl, Produkteinfo 72

M
Magenbrennen 18
Magensäure 18
Marmelade 116
Menton 12
Mousse, süß 80
Muffin 92
Murcia 11

N
Nierenerkrankung 18

O
Öl, ätherisches 12
Orangerie 10

P
Panna Cotta 79
Paprikaschote 24, 34
Parfait 86
Pasta 44, 48, 50, 54
Peperoni 24, 34
Produktionsländer 10

R
Rautengewächs 12
Reife 12
Reis 56
Rheuma 18, 19
Römisches Reich 10

S
Salat 24, 36, 41
Sekt 106
Sirup 110
Sizilien 11, 12, 13
Skorbut 10
Soda 112
Sodbrennen 19
Sorbet 84
Soufflé 83
Spanien 11, 12
Spargel 50, 52
Spinat 30, 46
Subtropen 10, 12
Suppe 26
Südafrika 11
Südamerika 11

Sch
Schalenfarbe 12
Schnittwunde 18, 19

St
Stress 18

T
Tabouleh 24
Tarte 96
Tartelette 91
Thrombose 19
Tiramisù 82, 88
Tomate 24, 36, 62
Tomate, schälen 62
Torte 94

U
Ungeziefer 20
Urgestein, vulkanisches 13

V
Venenentzündung 19
Venenschwäche 19
Verdauung 18
Verdauung, Eiweiß- 19
Vitalität 18
Vitamin C 10, 12, 18

W
Wein 112, 114

Z
Zabaione 52
Zahnfleisch 19
Zahn 20
Zitrone, Bianchetto 13
Zitrone, Bio- 14, 16
Zitrone, Feminello 14
Zitrone, eingelegt 115
Zitrone, gewachst 14
Zitrone, Glanz 12
Zitrone, Grünling 12
Zitrone, Invernale 13
Zitrone, Primofiori 13
Zitrone, Sommer- 12
Zitrone, Süß- 14
Zitrone, unbehandelt 14
Zitrone, Ur- 10
Zitrone, Verdelli 12, 13
Zitrone, Verna 14
Zitrone, Winter- 12
Zitronenbutter 118
Zitronendipp 121
Zitronenfarbe 12
Zitronenmarmelade 116
Zitronenöl 18
Zitronensalz 118
Zitronensauce 120
Zitronensorte 12
Zucchino 63

LITERATUR

- Goetz Rolf, «Naturkost – ein praktischer Warenführer», Band 1, pala verlag
- Christopher Idone, „Zitronen. Landhausküche», Carlsen Verlag
- Münzing-Ruef Ingeborg, «Kursbuch gesunde Ernährung – Die Küche als Apotheke der Natur», Heyne Verlag
- Liebster Günther, «Warenkunde Obst & Gemüse», Band 1, Hädecke Verlag
- Yeager Selen, «Heilkraft unserer Lebensmittel», Rodale Verlag
- Helmke Hausen Monika, «Die Botschaft der Früchte», Bauer Verlag
- «Die Orientalische Küche», Collection Rolf Heyne
- Wüschner Desiree, «Warum Chilis scharf machen», AT Verlag
- Zogbaum Armin, «Zitrusfrüchte», Fona Verlag

ADRESSE

Brissago-Insel/Tessin

Hier kann man herrliche Zitronen-, Orangen-, Grapefruit- und Kumquatbäume bestaunen, die ganzjährig im Freien bleiben (im Winter geschlossen).
www.maggiore.ch